Ernst Ribbat

Johann Wolfgang Goethe
Biografie für Liebhaber

SCHNELL

„So mußt du sein, dir kannst du nicht entfliehen."

In einer Biografien-Reihe darf Goethe nicht fehlen. Ohne Zweifel ist er der größte deutsche Dichter, und er fast allein Deutschlands Beitrag zur Weltliteratur. Entsprechend zahlreich sind die Goethe-Straßen, Goethe-Schulen und Goethe-Institute.
Von seinem langen Leben und von den Menschen, mit denen er es zu tun hatte, wird hier erzählt. Auch von Goethes Werken, den Romanen, Dramen und Gedichten. Viele von diesen sind übrigens auch heute noch gut zu lesen. Der Ruhm des Klassikers sollte nicht einschüchtern.
Denn: Goethe-Lektüre weitet den Blick.

Biografien für Liebhaber

Mit dieser Reihe wenden wir uns an alle Liebhaber/-innen von Biografien. In erster Linie ist sie konzipiert für junge Leserinnen und Leser.

Zwar hat jeder Autor seinen individuellen Schreibstil für diese Reihe entwickelt und der jeweiligen Persönlichkeit anzupassen versucht, deren Vita hier erzählt wird. Das äußere Gewand wie auch das Innen-Layout eines jeden Bandes sind aber einheitlich gestaltet. Die Reihe ist - zunächst - in drei Epochen eingeteilt: Sturm und Drang/Klassik erscheint in rötlichem Gewand, Romantik/Realismus in einem blauen und die Epoche Naturalismus/Moderne in einem grünlich-gelben.

Verlag SCHNELL
Warendorfer Lieblingsbücher

Impressum

Ernst Ribbat
Johann Wolfgang Goethe
Biografien für Liebhaber
Illustrationen: Beate Fahrnländer

Oststraße 24, 48231 Warendorf

E-Mail: schnell-verlag@t-online.de
ISBN 978-3-87716-672-7

Hergestellt in Deutschland

Warendorf, im Dezember 2013

Inhalt

Ein sehr begabtes Kind

1749 - 1765

Am 28. August 1749, mittags mit dem Glockenschlage zwölf,
kam ich in Frankfurt am Main auf die Welt.
Die Konstellation war glücklich; die Sonne stand im Zeichen der
Jungfrau, und kulminierte für den Tag;
Jupiter und Venus blickten sie freundlich an,
Merkur nicht widerwärtig...

(Aus meinem Leben. Dichtung und Wahrheit)

Ein sehr begabtes Kind

1749 - 1765

Dies kann man bei Goethe vor allem lernen: Der einzelne Mensch ist unverwechselbar. Er geht nicht unter in einem Kollektiv, er behauptet immer ein eigenes Profil. Jedoch hängt er zusammen mit Naturordnung und Geschichtsverlauf. Wie ein Bekenntnis sind Goethes Verse von 1817 zu lesen:

> Wie an dem Tag, der dich der Welt verliehen,
> Die Sonne stand zum Gruße der Planeten,
> Bist alsobald und fort und fort gediehen
> Nach dem Gesetz, wonach du angetreten.
> So mußt du sein, dir kannst du nicht entfliehen.
>
> *(Urworte orphisch. Dämon)*

Gut, sagt der Biograph, das wird richtig sein. Aber wir möchten doch den Beginn der großen Laufbahn etwas genauer kennen lernen. Wie war der Familienkreis? Wer waren die ersten Lehrer des Kindes? Man ist neugierig, und viele Fragen bleiben offen, obwohl Goethes Erinnerungsbuch *Aus meinem Leben. Dichtung und Wahrheit* schon ziemlich umfangreich ist. Goethe hat dies Werk allerdings erst nach seinem 60. Geburtstag geschrieben, und war dabei auf Ausgleich, auf Glättung bedacht. Nicht allen Mitteilungen dort kann der heutige Biograph vertrauen, und er muss selbst Vermutungen wagen.

Sicher ist, wann und wo Johann Wolfgang Goethe geboren wurde. Am 28. August 1749 in Frankfurt am Main. Die Eltern: ein neununddreißig Jahre alter „Kaiserlicher Rat", promovierter Jurist, ohne berufliche Tätigkeit, aber sehr wohlhabend - und eine erst achtzehnjährige Ehefrau, die als Tochter des Frankfurter Bürgermeisters selbst zur bürgerlichen Oberschicht zählte. Der Sohn wird darum nie unter Geldsorgen leiden und immer von reichlich Personal umgeben sein -

Goethes Elternhaus in Frankfurt

was ein kräftiges Selbstbewusstsein begründete. Der Erstgeborene blieb nicht allein. Die Schwester Cornelia als wichtigste Spielgefährtin folgte. Zwei Brüder und zwei Schwestern sind früh gestorben, dahingerafft von Krankheiten wie den Pocken, gegen die es damals noch kein Heilmittel gab. Nah am Tod lebte auch das Kind. Von der eigenen Geburt erzählt Goethe übrigens, dass es wegen einer ungeschickten Hebamme Komplikationen gab und darum der Großvater als Bürgermeister die Geburtshilfe in Frankfurt verbessern ließ. So hat unser Held schon früh am Fortschritt der Menschheit mitgewirkt!

Wie sah die Kindheitswelt aus, wie prägte sie den kommenden Dichter und Wissenschaftler? Schwer zu sagen. Ein sehr friedlicher Ort war das Vaterhaus gewiss nicht. Unruhe brachten die kleinen Geschwister und die Hausangestellten. Vor der Tür hörte man Wagen und Pferde. Zeitweise verursachte die Einquartierung durch französisches Militär ärgerliche Belästigungen, und vor allem litten alle unter den Bauarbeiten, durch die der Vater zwei Nachbarhäuser miteinander vereinigen ließ. Mit Lärm zu tun hat auch die Anekdote, dass der kleine Goethe zur Freude der Nachbarskinder Küchengeschirr in den Hof geworfen hat.

Erste soziale Erfahrungen sammelte das Kind in einer „Spielschule" (1752-1755), dann ein Jahr lang in einer öffentlichen Grundschule. Aber als der aufgeweckte Sohn Schreiben und Lesen schnell gelernt hatte, und als auch der Hausbau abgeschlossen war, entschied der Vater Goethe: In Zukunft findet der Unterricht im Elternhaus statt. Zahlreiche gute Privatlehrer wurden engagiert, und der Vater persönlich kontrollierte, schon um sich selbst zu beschäftigen, genau die Lernfortschritte. Man sieht: „Kindheit" im Sinne der Romantik und der heutigen Pädagogen hat Goethe noch nicht genießen können. Als ein kleiner Erwachsener hatte er die Pflicht, mit Fleiß und Disziplin sich zu bilden. Dass es ihm dafür an Begabung nicht fehlte, wurde schnell deutlich. Sogar dichterische Fähigkeiten zeigte schon der Siebenjährige, wenn er den Großeltern zum Neujahr 1757 gratulierte:

Erhabener Großpapa!
Ein Neues Jahr erscheint,
Drum muß ich meine Pflicht und Schuldigkeit entrichten,
Die Ehrfurcht heißt mich hier aus reinem Herzen dichten,
So schlecht es aber ist, so gut ist es gemeint.
(...)
Erhabene Großmama!
Des Jahres erster Tag
Erweckt in meiner Brust ein zärtliches Empfinden
Und heißt mich ebenfalls Sie jetzo anzubinden
Mit Versen, die vielleicht kein Kenner lesen mag;
(...)

Unter den Fremdsprachen stand damals immer Französisch oben-an, aber Goethe lernte ebenfalls Italienisch und Englisch, er konnte selbstverständlich Latein, aber auch Griechisch und Hebräisch. Er erhielt Unterricht im Fechten, im Tanzen und Reiten. Nach den Schönschrift-Übungen kamen Zeichnen und Malen an die Reihe - und dies mit solchem Erfolg, dass Goethe sehr lange glaubte, er sei eigentlich zum bildenden Künstler berufen. Anders verhielt es sich mit der Musik: Cembalo, Flöte und Cello wurden ausprobiert, doch ohne rechten Erfolg. Als Goethe 1763 ein Klavierkonzert des bestaunten Wunderkindes Mozart erlebt hatte, begnügte er sich mit der Rolle des interessierten Hörers. (Mit begrenzter Reichweite, muss man ergänzen, denn für Beethoven oder Schubert fehlte es an Verständnis.) Das bisher aufgeführte Programm ist zu erweitern einmal durch den Religionsunterricht: genaue Kenntnis der Bibel und der Kirchengeschichte waren selbstverständlich. Zum anderen durch viele Themen der Geschichte, der Literatur, Architektur und des Rechtswesens, weil der Vater hier ein Experte war. Weiterhin kann man sich vorstellen, dass die große Erregung durch das katastrophale Erdbeben von Lissabon (1755) nicht nur nach Gottes Gerechtigkeit, sondern auch nach geologischen Gründen fragen ließ. (Zeitlebens blieb Goethe ein Gegner des Vulkanismus und ein Freund des sanften Neptunismus.)

Goethe in seinem Studierzimmer

Das Lernprogramm des Vaters dominierte. Goethes Kontakte mit gleichaltrigen Jugendlichen während der Pubertätsjahre waren wohl eher dürftig. Eine in *Dichtung und Wahrheit* gebotene Erzählung von einer Jungenhorde und einer „Gretchen" genannten Freundin ist wahrscheinlich eher Wunschtraum als Realität gewesen, und die dort eingefügte Märchenerzählung *Der neue Paris* kann als spätes Phantasiespiel gelten. Das muss aber nicht heißen, dass der übermächtige Unterricht den Horizont des Heranwachsenden zu sehr eingeengt hätte. Sehr intensiv wahrgenommen hat Goethe die Bedeutung Frankfurts als der Stadt der Kaiserkrönungen und eines regen Handels, schon damals vor allem im Bankwesen. Die Debatten um die preußisch-österreichischen Kämpfe (siebenjähriger Krieg 1756-1763) beschäftigten den jungen Mann, der ein begeisterter Anhänger Friedrichs II war. Es gab auch anregende Gesprächspartner in Frankfurt. Jedoch war die häusliche Situation mit dem alles bestimmenden, schon alternden Vater nicht sehr behaglich, und Goethe war froh, mit 16 Jahren zum Studium nach Leipzig aufbrechen zu können. Er durfte ohne formalen Schulabschluss - das Abitur gab es noch nicht - seine vielleicht nicht immer glückliche, aber von Eltern wie Lehrern gut betreute Kindheit beenden. Die nächste Lebensphase, eine zehnjährige Jugendzeit, wird bereits einen eigenständigen, mehr: einen originalen, mehr: einen genialen Goethe zeigen.

Student und Genie

1765 - 1775

Wie herrlich leuchtet
Mir die Natur!
Wie glänzt die Sonne!
Wie lacht die Flur!

Es dringen Blüten
Aus jedem Zweig
Und tausend Stimmen
Aus dem Gesträuch.

Und Freud und Wonne
Aus jeder Brust.
O Erd', o Sonne,
O Glück, o Lust.

(Mailied)

Student und Genie

1765 - 1775

Bedecke deinen Himmel, Zeus,
Mit Wolkendunst!
Und übe, Knaben gleich,
Der Disteln köpft,
An Eichen dich und Bergeshöhn!
Mußt mir meine Erde
Doch lassen stehn,
Und meine Hütte,
Die du nicht gebaut,
Und meinen Herd,
Um dessen Glut
Du mich beneidest.
(...)
Wer half mir
Wider der Titanen Übermut?
Wer rettete vom Tode mich,
Von Sklaverei?
Hast du's nicht alles selbst vollendet,
Heilig glühend Herz?
Und glühtest, jung und gut,
Betrogen, Rettungsdank
Dem Schlafenden dadroben?
(...)
Hier sitz' ich, forme Menschen
Nach meinem Bilde,
Ein Geschlecht, das mir gleich sei,
Zu leiden, weinen,
Genießen und zu freuen sich,
Und dein nicht zu achten,
Wie ich.

(Prometheus)

Die „Jugend" Goethes: Versteht man unter Jugend die Zeitspanne im Leben eines Heranwachsenden, die sich vom Ende der Schulzeit bis zum Eintritt in einen verantwortlichen Beruf zieht, dann hat diese Phase bei Goethe ziemlich genau zehn Jahre gedauert. Wie bei anderen Menschen auch. Das Erstaunliche aber: Während dieser Zeitstrecke wurde aus einem Studienanfänger, der sich zögernd zurechtfinden musste in der sächsischen Universitäts- und Messestadt Leipzig, ein in ganz Deutschland prominenter, außerordentlich vielseitiger Schriftsteller, der anerkannte Sprecher eines literarischen Netzwerkes, das bald den Titel „Sturm und Drang" erhielt. Von dieser dynamischen Entwicklung zu erzählen, wird Goethe später in *Dichtung und Wahrheit* viele Seiten benötigen. Er wird eine ganze Literaturgeschichte der Epoche schreiben müssen, um die erneuernde Kraft der eigenen Werke zu begründen.

Die erste Station des vom Vater finanziell großzügig ausgestatteten Studenten war also Leipzig. Jura als Hauptfach wurde durch vielseitige Orientierungen ergänzt in der bildenden Kunst – Praxis und Theorie – wie in Sprache und Literatur. Geschrieben hat Goethe auch schon: meist im Stil des Rokoko – ein Schäferspiel und witzig-elegante Liebeslyrik entstehen. Zusammen mit dem Freund Behrisch werden neuartige Ausdrucksweisen erprobt. Dem Jungschriftsteller scheint es besonders auf Geselligkeit angekommen zu sein, doch bevorzugt wurden nicht die studentischen Saufgelage in „Auerbachs Keller", wie der *Faust* sie zeigt. Eher die Teilnahme an musikalischen und theatralischen Kulturereignissen. Oder modische Flirts mit attraktiven Schönheiten, zum Beispiel mit Käthchen Schönkopf, einer Hotelierstochter, der eine ganze Gedichtsammlung gewidmet wird.

Goethe hatte sich gut eingelebt. Aber jäh wurde sein Studium im Sommer 1768 durch eine schwere Erkrankung unterbrochen. An seinem 19. Geburtstag musste er nach einem Blutsturz, vermutlich Symptom einer tuberkulösen Infektion, in sein Elternhaus zurückkehren und dort bis zum Frühjahr 1770 bleiben. Mit Schwellungen, Verdauungsstörungen, Bronchialreizungen hielt die Krankheit ihn im Griff. Eine bittere Situation für den Betroffenen wie für seine Fami-

Goethe mit Käthchen im Wirtshaus Schönkopf

lie, besonders den ehrgeizigen Vater, der auf die Fortsetzung des Studiums drängte.

Wir wissen wenig über Goethe in der Zeit seiner Krankheit - sie ist wie eine dunkle Lücke in der sonst so farbigen Biographie. Denn auch in den eigenen Lebenserinnerungen verhält Goethe sich wortkarg. Man darf vermuten, dass der kranke Student vor allem gelesen hat: z.B. naturphilosophische und religiöse Geheimwissenschaften, seltsame Reiseerzählungen und abseitige Biographien. Damals wurde durch Lektüre ein Schatzhaus an Themen und Motiven angelegt, das Goethe bis zu seiner Altersdichtung dienlich war. Theologische Texte wurden mit besonderem Interesse studiert, angeregt durch Gespräche mit einer älteren Hausfreundin, Susanne von Klettenberg. Die sich entfaltende Kultur einer neuen Frömmigkeit, den Pietismus als Gegenbewegung zur Aufklärung, hat Goethe genauer kennengelernt, als wir meist annehmen. Sogar an einem Kongress der Herrnhuter Brüdergemeinde (September 1769) hat er teilgenommen. Souveräne theologische Argumentation zeigt sich in der Folgezeit, so in der Flugschrift *Brief des Pastors* zu... (1772) oder in der Selbstbehauptung als „Weltkind" gegenüber Herder und den „Propheten" Jung-Stilling, Jacobi u.a.

So ist die Frankfurter Krankheitspause nicht ohne Wirkung geblieben. Ungleich wichtiger aber wurde die folgende Studienzeit, der Aufenthalt in Straßburg zwischen April 1770 und August 1771. Revolutionär für die deutsche Literatur kann man die Wende hin zum „Sturm und Drang" oder zur „Geniezeit" nennen, die in den Gesprächen mit dem ostpreußischen Pfarrer, Philosophen und Dichter Johann Gottfried Herder (1744-1803) in Bewegung kam. Deutscher Patriotismus wurde lebendig inmitten des französischen Umfelds, das Straßburger Münster wurde als beispielhaft erlebt. Die Lektüre Shakespeares und das Sammeln von Volksliedern kamen hinzu. Der freie Ausdruck des Ichs und die Sprachmusik der einfachen Leute - dies war jetzt, was galt, und nicht die Regeln des Hofes oder der Gelehrten. Das kreative Individuum erfindet seine eigenen Gesetze - das ist gemeint, wenn man „Genie" sagt.

Goethe und

Friederike Brion

Nun kam für Goethe in Straßburg hinzu, dass er in eine offenbar heftige, sehr aufregende Liebesgeschichte geriet. Zwar hat er auch die notwendigen juristischen Prüfungen abgelegt. Aber die Pfarrerstochter Friederike Brion im Dorf Sessenheim faszinierte derart, dass Goethe für sie einen ganz neuen Stil entwickelte, den man später die „Sesenheimer Lyrik" nannte. In ihr tritt eindrucksvoll die „Erlebnisdichtung" in Erscheinung. Das heißt: Das im Gedicht auftretende „Ich" ist nicht mehr eine erfundene Rolle - womöglich mit griechischem Namen - sondern eine wirkliche, sich selbst aussprechende Person. Beispiele wären: „Es schlug mein Herz, geschwind zu Pferde!" - „Wie herrlich leuchtet / mir die Natur!" - „Ein zärtlich-jugendlicher Kummer / führt mich ins öde Feld;" So nahe am gelebten Leben hatten Gedichte bisher noch nicht begonnen. Ein neuer Ton war angestimmt, und er wird immer wieder erklingen, bei Goethe und anderen.

Was nun Herders Einfluss betrifft: Goethe reitet durch das Elsass, um sich von den Dorfbewohnern ihre Volkslieder und Volksballaden aufsagen zu lassen. Bestimmt sind die Texte für Herders Sammlung internationaler Folklore (*Stimmen der Völker in Liedern*). Dort aufgenommen werden auch Goethes eigene Strophen, zum Beispiel *Heidenröslein* und *Der König von Thule*. Im Bereich des Dramas aber - und das hieß: in der Übernahme von Shakespeares scheinbar regellosem Theater - ging Goethe noch weiter als Herder lieb war. Ende 1771 wurde die Urfassung des *Götz von Berlichingen* geschrieben, und noch vor der Druckfassung 1773 wirkte das Stück sensationell. Wenn Götz als ein eigenwilliger Ritter im 16. Jahrhundert seine Freiheit gegen die Fürsten und Höfe verteidigt, so war das den jungen Bürgern der Gegenwart sehr sympathisch. Seine lebhafte, teils grobianische Ausdrucksweise übernahm man gern. Die Vielfalt der Figuren aber in rasch wechselnden Szenen war eine Form, die Klinger, Lenz und dem jungen Schiller zustatten kam, um Sozialkritik auf die Bühne zu bringen. *Götz von Berlichingen* als ein dramatisches Bekenntnis zur Natur und Freiheit machte Goethe in kurzer Zeit berühmt.

Aus Straßburg brachte er zum Studienabschluss ein Zeugnis mit, das ihm anwaltliche Tätigkeit erlaubte. Aber zurück in Frankfurt, war er doch mehr Schriftsteller als Jurist. Es entstanden Gedichte und Spiele, daneben Aufsätze für Herders Sammlung *Von deutscher Art und Kunst*. Im Sommer 1772 sah man ihn dann im nicht weit entfernten Wetzlar. Eigentlich zu weiterer juristischer Bildung. Jedoch verwikkelte er sich alsbald in eine heftige Liebesgeschichte mit Charlotte Buff, der Verlobten des älteren Kollegen Johann Christian Kestner: Was in diesen kurzen Sommerwochen wirklich geschah, weiß man nicht – aber es hat die Phantasie schon der Zeitgenossen und heute wieder der Filmemacher sehr beschäftigt. Goethes Flirt war allerdings von vornherein aussichtslos. Er nahm denn auch bald Abschied und tröstete sich in Frankfurt mit der liebenswürdigen Maximiliane La Roche, die den Kaufmann Brentano heiraten sollte. (Durch diesen wurde sie Mutter vieler Kinder, darunter der Dichter Clemens und Bettina Brentano.) Für Goethe jedenfalls brachten wenige Monate viel Lebensstoff, und diesen hat er mehr als ein Jahr später, Anfang 1774, in die Form eines Romans gebracht, genannt *Die Leiden des jungen Werthers*.

Goethes Buch wurde ein Sensationserfolg in ganz Europa, mit ihm rückte er an die Spitze der deutschen Literatur. Was ist das Geheimnis der starken Wirkung? Zu beachten ist die ganz besondere Form: Der zweiteilige Roman besteht nämlich aus einer Serie von Briefen, datiert vom 4. Mai 1771 bis zum 10. September, dann vom 20. Oktober bis zum 20. Dezember. Alle Briefe stammen von nur einem Schreiber, genannt „Werther", und sind an einen Adressaten, den stumm bleibenden Freund Wilhelm gerichtet. Nur selten, gegen Ende dann mehr, hört man eine zweite Stimme, die des „Herausgebers". Das Buch vermittelt also Empfindungen und Reflexionen. Und sein Thema? Werther erzählt (fast) von nichts anderem als von seiner Liebe zur schönen und vernünftigen „Lotte", von seiner Eifersucht gegen „Albert", ihrem Bräutigam, und von seinen Todesgedanken. Gesteigert wird dies Reden über Gefühle durch Klage-Gesänge aus dem „Ossian", welche Goethe übersetzt hatte. Die Handlung endet mit Werthers Selbstmord durch Pistolenschüsse. Die letzten Sätze des Romans lauten: „Man fürchtete für Lottes Leben. Handwerker trugen ihn. Kein Geistlicher hat ihn begleitet."

Es ist gut verständlich, dass Goethes Buch Schwierigkeiten mit der Obrigkeit, insbesondere den Kirchenleitungen bekam. Erschien doch die Leidensgeschichte des Verliebten sehr ähnlich der Passion Jesu Christi. Goethe galt als ein Verführer der Jugend. Von einem „Selbstmord-Fieber" wurde berichtet. Das war zwar übertrieben, aber in der Kleidermode folgten viele dem Romanheld: blauer Frack, gelbe Weste, Stiefel.

So verschiedene Rollen Goethe auch sonst spielte, so blieb er zeitlebens doch vor allem der Dichter des *Werther*. Den kannte man auch in Italien, und noch 1808, als der Kaiser Napoleon mit Goethe sprach, war das Jugendwerk das Thema.
In den 1770er Jahren jedoch war der jugendliche Dichter auch neben dem Erfolgsbuch produktiv. Es entstanden große Gedichte in freien Rhythmen und zahlreiche Dramenentwürfe. Freundschaftskontakte mit anderen Schriftstellern wurden lebhaft gepflegt. Und es gab auch wieder eine Liebesbeziehung: mit der eleganten und klugen

Bankierstochter Lili Schönemann. Sogar eine öffentliche Verlobung hat stattgefunden, und eine Zeitlang war Goethe sehr intensiv engagiert. Allerdings war die Beziehung nicht von Dauer: Der umtriebige Bräutigam reiste zunächst (Mai bis Juli 1775) mit Freunden in die Schweiz. Dort fiel die Naturschwärmerei der „Genies" – bis hin zum Nacktbaden im See – erst recht auf.

Von dort zurückgekehrt, kam es im Herbst zu einer völlig neuen Lebensplanung. Goethe reiste auf Einladung des Erbprinzen von Sachsen-Weimar an dessen Hof, um fortan in Thüringen zu bleiben. Goethe war wohl bald bewusst, dass dieser Ortswechsel kein beliebiger Umzug mehr war, sondern einen tiefen Einschnitt bedeutete. Es ist kennzeichnend, dass er *Dichtung und Wahrheit* genau hier abbrechen wird, und zwar mit einem Zitat aus seinem Geschichtsdrama *Egmont*, das lautet:

Wohin es geht, wer weiß es?
Erinnert er sich doch kaum,
woher er kam.

Hier wurde Abschied von der Jugend genommen. Gewiss nicht ohne Wehmut. Denn wenn Goethe jetzt auch erst 26 Jahre alt war, so würde er doch eine so abwechslungsreiche, so geniale, so anregende Lebensphase nicht noch einmal genießen und erleiden können.

Weimar: Arbeit, Natur

1775 - 1786

Die Kunst ist lang, das Leben kurz, das Urteil schwierig, die Gelegenheit flüchtig. Handeln ist leicht. Denken schwer; nach dem Gedanken handeln unbequem.

(Wilhelm Meisters Lehrjahre)

Weimar: Arbeit, Natur

1775 - 1786

Im Herbst 1775 ist Goethe nach Weimar gereist. Er folgte einer Einladung des achtzehnjährigen Erbprinzen Carl August. Der Frankfurter Jurist machte in dem kleinen Fürstentum rasch Karriere, wurde Geheimer Rat und Minister und erhielt 1782 sogar den Adelstitel - was der Vater, selbstbewusster Bürger einer Freien Stadt, gern verhindert hätte. Aber der Sohn blieb in Thüringen und wollte niemals nach Frankfurt zurück. Zwar wurde einmal, 1786, die Lage unerträglich, und Goethe floh für zwei Jahre nach Italien, aber auch danach war er weiterhin ein Hofbeamter in Weimar, dem 6000 Einwohner-Städtchen.

Als Goethe eintraf, war ihm wohl nicht ganz klar, wie viel harte, zeitraubende Verwaltungsarbeit auf ihn zukommen würde. Den jungen Herzog hatte er als einen intelligenten, lebenslustigen Fürsten kennen gelernt. Kulturelles Niveau boten noch mehr die Gespräche mit dessen Mutter Anna Amalia (1739-1807), welche in den vergangenen sechzehn Jahren das Land regiert hatte. Besonderes Verdienst erwarb sie sich durch ihre Bibliothek - sie trägt bis heute ihren Namen - und durch die Berufung Christoph Martin Wielands als Prinzenerzieher (1772). Damit wurde Weimar zum Kulturzentrum. Wielands literarisches und journalistisches Wirken blieb jahrzehntelang wichtig. Jetzt kam Goethe hinzu, und dieser beeilte sich, seinen Freund und Lehrer Herder nachzuholen. Als oberster Geistlicher, als vielseitiger Gelehrter und als eine Stimme der Demokratie bildete dieser ebenfalls langfristig ein kritisches Gegenüber zum Hof.

Kultur sonst? In dramatischer und musikalischer Hinsicht musste improvisiert werden, weil das Weimarer Theater 1774 abgebrannt war und erst 1780 wieder aufgebaut, ab 1791 dann unter Goethes eigener Leitung funktionsfähig wurde. Jedoch kamen zu den Laiendarstellern bald Berufsschauspieler hinzu, insbesondere die faszinierende Corona Schröter, welche aus Leipzig engagiert wurde und Goethe und dem Herzog gleichermaßen gefiel.

Andere Bezugspersonen waren eher original weimarisch. So Goethes „Ur-Freund" Karl Ludwig von Knebel, ein gebildeter, liberaler Hofmann. Oder die kluge und psychologisch geschickte Hofdame Charlotte von Stein (1742-1827), die Frau des herzoglichen Oberstallmeisters, Mutter von sieben Kindern. Sie war für Goethe bis 1786 ohne Zweifel die wichtigste Person in Weimar. Sie war eine Seelenverwandte, in manchen Krisen eine Ordnungsinstanz, und Goethe hat ihr viele ausdrucksvolle Briefe geschrieben. (Ihre eigenen hat sie zurückgefordert und verbrannt.) Doch ihre Wirkung auf den Dichter darf man nicht überschätzen, wie oft geschehen. Man kann zwar einige schöne Strophen Goethes auf sie beziehen, aber mit den wichtigen Werken des ersten Jahrzehnts in Weimar hat sie nicht viel zu tun. Ohne sie entstehen weiterhin Szenen des *Faust*, wird ein großer Teil des Theater- und Bildungsromans *Wilhelm Meister* geschrieben. Außerdem wichtig in diesen Jahren sind die später fertiggestellten Dramen *Iphigenie auf Tauris*, *Egmont* und *Torquato Tasso*. Mit jedem Werk erweitert sich Goethes (und seiner Leser!) Horizont. Die Stellung des Ichs in der Welt erscheint unter wechselnden Gesichtspunkten. Verglichen mit den einfachen Gegensätzen im *Werther* (Liebe oder Tod) und im *Götz* (Freiheit oder Knechtschaft), entstehen jetzt kompliziertere Modelle: Wie verhalten sich zueinander die Staatsmacht und das natürliche Glück (*Egmont*)? Wie der Götterglaube und freie Sittlichkeit (*Iphigenie*)? Wie die Selbstbestimmung der Kunst und soziale Normen (*Tasso*)? Und wie kann der zeitgenössische Bürger Sinn für sein Leben finden (*Wilhelm Meister*)? Oder wie ein exemplarischer Mensch der Neuzeit seine Erkenntnis- und Moral-Krise lösen (*Faust*)?

Dass die genannten Dichtungen ihre endgültige Form erst in Italien oder danach erhalten haben, hat mit Goethes beruflicher Situation in Weimar zu tun. Viele Stunden hat er im „Geheimen Consilium", der obersten Landesbehörde, verbracht, was anstrengend war auch wegen der Spannungen zu den älteren Kollegen. Spezielle Verantwor-

Goethe und Frau von Stein

tung hat Goethe übernommen für den Bergbau in Ilmenau, für den Straßenbau und die Kriegskommission einschließlich der Rekrutierung, zeitweise für die gesamte Finanzverwaltung des Landes. In späteren Jahren wird der Geheime Rat eher so etwas wie ein Kultusminister sein, zuständig für das Theater, für Bibliotheken, Museen und die Universität Jena, aber in der frühen Weimarer Zeit hatte Goethe sich mit den „harten" Tatsachen eines kleinen Staates auseinander zu setzen: neben der Land- und Forstwirtschaft spielten die Salinen und das Textilgewerbe eine Rolle. Zu einer durchgreifenden Modernisierung war der alleinherrschende Fürst, dessen Vorliebe dem Militär galt, niemals bereit. Aber an begrenzten Reformen, die für Zuverlässigkeit statt Willkür sorgten, hat Goethe beharrlich gearbeitet. Seine Praxis war stets die des „aufgeklärten Absolutismus", während all das, was 1789 in Frankreich begann – Verfassungsstreit, Revolution, Umsturz – ihm verhasst blieb.

Über Politik zu debattieren, war Goethes Sache zu keinem Zeitpunkt. Wenn er diskutieren wollte, dann über wissenschaftliche Fragen, über die Fortschritte der Naturbeobachtung. Geduldig, planmäßig, mit großem Fleiß hat Goethe sich das Rüstzeug für zahlreiche Wissenschaften angeeignet und es für eigene Beiträge eingesetzt. Sei es in der vergleichenden Anatomie (Entdeckung des Zwischenkieferknochens des Menschen), sei es in der Metereologie (Beobachtungsreihen für eine „Witterungslehre") in Geologie und Mineralogie (eine Studie über den Granit), vor allem in der Optik (die *Farbenlehre* von 1810 als Summe) und in der Botanik (Suche nach der „Urpflanze", Prinzip der Morphologie). All dies wurde später mit Eifer fortgesetzt, aber es hat schon ca. 1780 begonnen. Auf das Jahrzehnt der poetisch-erotischen Genialität folgte in Weimar ein Jahrzehnt der Arbeit in Staat und Wissenschaft, während auf eigenes Glück verzichtet wurde.

Zwar blieben die großen literarischen Werke wegen der Vielzahl der Aufgaben zunächst Fragment. Es entstehen jetzt aber berühmte Darstellungen der lebendigen Natur im Gedicht. Dem Leser werden durch Goethes Verssprache eindrucksvollste Bilder vermittelt: *Rast-*

lose Liebe, An den Mond, Harzreise im Winter, Der Fischer, Wandrers Nachtlied, Erlkönig – das sind Texte, die in jeder Sammlung vollendeter deutscher Gedichte ihren Platz behaupten. Sie haben den älteren wie jüngeren Zeitgenossen und der Nachwelt gezeigt, wozu „Poesie“ fähig ist, wenn die Wechselwirkung von Naturkräften und Seelenleben erkannt wird. Leider kann in einer Biographie nur wenig zitiert werden. Aber die erste Strophe eines Gedichtes soll abgedruckt sein. Hier ist – so wird der Übergang zum nächsten Kapitel geschaffen – nicht mehr die deutsche Landschaft das Thema, sondern das ersehnte Italien:

Kennst du das Land, wo die Zitronen blühn,
Im dunkeln Laub die Goldorangen glühn,
Ein sanfter Wind vom blauen Himmel weht,
Die Myrte still und hoch der Lorbeer steht,
Kennst du es wohl?
Dahin! Dahin
Möcht' ich mit dir, o mein Geliebter, ziehn!

(Aus *Wilhelm Meisters Lehrjahre*)

Italien und die Folgen

1786 - 1794

Saget, Steine, mir an, o sprecht, ihr hohen Paläste!
Straßen, redet ein Wort! Genius, regst du dich nicht?
(...)
Eine Welt zwar bist du, o Rom; doch ohne die Liebe
Wäre die Welt nicht die Welt, wäre denn Rom auch nicht Rom.

(Römische Elegien)

Italien und die Folgen

1786 - 1794

Als Mittdreißiger hatte Goethe zwar Hessen und Teile der Schweiz, Thüringen und Böhmen gesehen, aber das war nicht viel von der Welt. Sein Vater, der Kaiserliche Rat, hatte in seiner Jugend eine große Tour durch Italien unternommen und darüber ausführlich berichtet. Das wollte der Sohn endlich nachholen, nachdem er, der in Europa berühmte Dichter, es zehn Jahre lang mit dem eigenwilligen Herzog und der anstrengenden Hofdame von Stein im kleinen Weimar ausgehalten hatte. Goethe ist regelrecht geflohen, ist ohne Vorwarnung, mit Expresskutschen, losgefahren: von Karlsbad über Regensburg, München, Verona, Venedig, Bologna bis Rom. Dort lebte er dann unter dem Pseudonym „Filippo Miller" als Maler im Kreis anderer deutscher Künstler.

Goethe erweiterte im folgenden Jahr sein Italienbild noch durch Aufenthalte in Neapel (Februar, März 1787) und Sizilien (April, Mai 1787) und schloss mit einem „Zweiten römischen Aufenthalt" ab, der bis April 1788 dauerte. Auch dann fiel Goethe der Abschied noch schwer. Denn offenbar war die italienische „Auszeit" die glücklichste Phase in seinem Leben. Er hatte große Kunstwerke aus der Antike und der Renaissance gesehen, er hatte am Volksleben einer andern Kultur teilgenommen, eine andere Sprache gesprochen. Eine Reihe schwieriger literarischer Werke war vollendet oder doch gefördert worden. Und beigetragen zum Glück haben sicher auch die lockeren Liebesverhältnisse, die ihm sexuelle Erfüllung brachten. Über die Partnerinnen wissen wir nichts Genaues, aber der Lustgewinn des „dolce vita" blieb in Erinnerung.

Selbst der schönste Urlaub endet einmal, und der Weimarer Herzog wollte seinen bestbezahlten Beamten wohl wieder arbeiten sehen. Erst später hat Goethe über die Einzelheiten seiner Reiseerfahrung in Buchform berichtet (*Italienische Reise*). Aber bald schon konnten die deutschen Leser das Lob Roms in den Versen der *Römischen Elegien* lesen, einer vor allem wegen ihrer freizügigen Erotik ungewöhnlichen Gedichtreihe. An ihr konnte man ablesen, dass der aus Italien Zurückgekehrte einen neuen Lebensstil auch in Weimar gefunden hatte. Seit Mitte Juni 1788 war er in Thüringen, am 12. Juli schon trat ihm ein reizvolles Mädchen als Bittstellerin für seinen Bruder entgegen. Das rasch begründete Liebesverhältnis mit der vitalen, temperamentvollen 23jährigen Frau – Christiane Vulpius – führte zu einem Hausstand und seit der Geburt von Sohn August 1789 zu einer Familie mitten in Weimar. Vier weitere Kinder folgten, blieben aber nicht lange am Leben. Goethe hatte sich also mit vierzig Jahren dauerhaft etabliert, wenn auch unkorrekt im bürgerlichen Sinne und moralisch fragwürdig: die Mutter seiner Kinder musste 16 Jahre bis zur Eheschließung warten.

Goethe blieb weiterhin Minister und auch von seinem Fürsten insoweit abhängig, als er sich einer Teilnahme an den bald ausbrechenden Revolutionskriegen nicht entziehen konnte. *Campagne in Frankreich* (1791/92) und *Belagerung von Mainz* (1793) berichten davon. Auch nach Schlesien zu Manövern (1790) hat er den Herzog begleitet. Einige Verwaltungsgeschäfte aber konnte er aufgeben und sich auf die Intendanz beim Theater und die Aufsicht über die Universität Jena konzentrieren. Das Interesse an Naturwissenschaften (Geologie, Morphologie, Optik) wurde immer stärker, Experimente und die Anlage von Sammlungen beschäftigten Goethe besonders.

Selbstverständlich gab es in den Jahren 1789-1795, der Zeit größter Erschütterungen, einer noch nie da gewesenen Strukturkrise, auch in der Literatur einen Vorrang für politische Konflikte. Für die Auseinandersetzung zwischen dem revolutionären Frankreich und den alten Mächten, zu denen im Gefolge Preußens auch Sachsen-Weimar gehörte. Goethe, dessen bisherige Werke in einer ersten Gesamtaus-

Goethe in der Campagna
nach Johann Heinrich Wilhelm Tischbein

gabe erschienen waren, beteiligte sich mit einigen Theaterstücken, die heute vergessen sind. Aber auch - 1796 - mit der Verserzählung *Hermann und Dorothea*, welche sehr erfolgreich in humorvoller Tonlage den Kriegsereignissen die alte Ordnung entgegensetzt und diese den jungen Leuten empfiehlt. Zuvor schon hatte er einen sehr volkstümlichen Beitrag zur Politik geschrieben, indem er den Umweg über die Tierfabel wählte: *Reineke Fuchs*. (Mit dem berühmten Eingangsvers: „Pfingsten, das liebliche Fest, war gekommen...").

„Italien und die Folgen": Dies südliche Land zugleich der reichen Kultur und einer üppigen Vitalität blieb für Goethe ein einmaliges Erlebnis. Die 1793 durchgeführte Reise nach Venedig als Begleiter der Herzogin Anna Amalia war, wie man in den *Venetianischen Epigrammen* lesen kann, eine Enttäuschung. Die dritte Reise in die Schweiz (Juli-November 1797) wurde bewusst am St.-Gotthard-Pass abgebrochen. Alle italienischen Themen gibt Goethe fortan in die Zuständigkeit seines Schweizer Freundes H. Meyer, und die lange aufgeschobene Übertragung der alten Tagebücher in ein eigenes Reisebuch *Italienische Reise* wird eher ein Gegenprogramm zur Mittelalter-Begeisterung der Romantiker.
„Italien und die Folgen"? Einige Zeit nach der Rückkehr, in den frühen neunziger Jahren hatte Goethe zwar sein Privatleben ganz erneuert, aber als Künstler stellte sich Ratlosigkeit ein. Wie, so war jetzt zu fragen, könnte die in Italien erlebte Kunst, der Antike und ihrer Nachfolger in der Renaissance, noch glaubhaft, ja wirksam werden in der so irritierenden Gegenwart des Revolutionszeitalters? Die Antwort, oder doch ein Ansatz zur Antwort kam überraschender Weise von einem zehn Jahre jüngeren Kollegen, von Friedrich Schiller.

Christiane Vulpius und August

Mit Schiller: Klassik

1794-1805

Denn er war unser! Mag das stolze Wort
Den lauten Schmerz gewaltig übertönen!
Er mochte sich bei uns, im sichern Port,
Nach wildem Sturm zu Dauernden gewöhnen.
Indessen schritt sein Geist gewaltig fort
Ins Ewige des Wahren, Guten, Schönen,
Und hinter ihm, in wesenlosem Scheine
lag, was uns alle bändigt, das Gemeine.

(Epilog zu Schillers *Glocke*)

Mit Schiller: Klassik

1794 - 1805

Mit den zitierten Versen beginnt ein würdiger Nachruf, aber Goethe ist Friedrich Schiller (1759-1805) gegenüber zunächst eher misstrauisch gewesen. Von 1782 an hatte der schwäbische Militärarzt Schiller mit einer Serie von Dramen (*Die Räuber, Fiesco, Kabale und Liebe*) sensationelle Erfolge auf der deutschen Bühne, die Goethe nicht gefielen. Schiller war daneben auch als Journalist aktiv und seit 1789 als Professor für Geschichte an der Universität Jena tätig. Diese Hochschule übrigens stand damals in höchster Blüte: Die Philosophen Fichte, Hegel und Schelling zogen neben anderen Gelehrten die Brüder von Humboldt an, auch die Brüder Schlegel und die Dichter Novalis und Hölderlin. Weimars Nachbarstadt wurde rasch zum intellektuellen Zentrum Deutschlands, von hier vor allem verbreitete sich der „Idealismus", wie er von dem Königsberger Philosophen Imanuel Kant (1724-1804) begründet wurde. Goethe bemühte sich, die neuen Denkwege zu verstehen, auch wenn ihm die unmittelbare Naturerfahrung stets wichtiger blieb. Es schien ja in der Tat vielen Zeitgenossen so, dass noch wichtiger als die politische Revolution in Paris die kantische Umwälzung des Bewusstseins sei: Freiheit des Geistes in Theorie und Praxis. Gerade darum, weil Schiller hierin vorangeschritten war, nannte Goethe es ein „glückliches Ereignis", dass er am 20. Juli 1794 mit Schiller eine Freundschaft gründen konnte, die bis zu dessen frühem Tod sich stabil und fruchtbar zeigte.

Das Verdienst am Freundschaftsbund kommt freilich noch eher Schiller zu, der in einem großen Brief vom 23. August 1794 - passend zu Goethes 45. Geburtstag - ein verständnisvolles Charakterbild des Älteren formuliert hat und anschließend Goethe einbezieht in die Planung seiner neuen Zeitschrift (*Die Horen*). Goethe wird dort als literarischer Praktiker sehr aktiv, steuert die *Römischen Elegien* bei und auch eine Erzählungsreihe mit dem Titel *Unterhaltungen deutscher Ausgewanderten* - ein wichtiger Text zur Begründung

Goethe und Schiller in Weimar

der Gattung „Novelle“ in Deutschland. Schiller seinerseits veröffentlicht ausführliche Abhandlungen zur Geschichte und zur möglichen Zukunft von Dichtung und Kunst. Seine These: Freiheit ist dem Menschen möglich, aber nicht durch Politik, sondern durch das zweckfreie Spiel der Kunst, die durch erhabene wie anmutige Figuren die eigene Realität überbietet. Beide Schriftsteller ergänzen einander, so dass ihr Bündnis als „Weimarer Klassik“ ausgerufen werden konnte. (Die Kollegen Wieland und Herder spielten, so hoch sie zu schätzen sind, dabei eher eine Randrolle).

Das Etikett „Klassik“ hat Goethe zwar für sich abgelehnt, aber er bejahte, was damit umschrieben ist:

1. Orientierung von Literatur und Kunst an der alten, der griechischen Klassik.
2. Ehrgeiz, Literatur von höchstem Rang zu schaffen, also keine Marktware, keine Produkte von „Dilettanten“.

Die Vorbildlichkeit zeigte sich dann auch: Ohne Schillers *Wallenstein* und die folgenden Dramen sind die Werke Kleists, Grillparzers oder Hebbels nicht zu denken. Von Goethe aber waren viele Texte einflussreich, und sein 1795 publizierter Roman *Wilhelm Meisters Lehrjahre* wurde zu den „größten Tendenzen des Zeitalters“ gerechnet. Denn ein Muster wurde hier aufgestellt für die komplexe „Bildung“ eines jungen Bürgers, wobei das Theaterwesen so wichtig war wie die Freimaurerei, alles dargeboten in einer sehr ausgewogenen Prosa mit lyrischen Einlagen.

Die Schriftstellerkollegen allerdings mussten die neuen Klassiker für arrogant halten, besonders als viele von ihnen 1796 durch *Xenien*, kurze, scharf pointierte Spottgedichte an den Pranger gestellt wurden. Dafür gefiel der breiten Leserschaft gut, was beide im folgenden Jahr schufen: Balladen, erzählende Gedichte mit Spannungsreiz. Neben Schillers *Die Bürgschaft*, *Der Taucher* und *Die Kraniche des Ibykus* traten von Goethe *Die Braut von Korinth*, *Der Gott und die Bajadere* und *Der Zauberlehrling* hervor. Hier war auch für die Nachwelt, bis zu den Schülern des heutigen Deutschunterrichts, ein „klassisches“ Zeugnis der Goethe-Schiller-Kooperation geschaffen.

Goethe und Schiller bei Goethes Gartenhaus

In den Jahren um die Jahrhundertwende 1800 herum gab es zwar auch Unterschiede zwischen den Freunden. Schiller schrieb, obgleich von Krankheiten immer wieder geplagt, die Serie seiner erfolgreichen Tragödien (*Maria Stuart, Jungfrau von Orleans, Wilhelm Tell*), während Goethe wenig Anklang fand mit dem Trauerspiel in Versen *Die natürliche Tochter* (1803). Die Freundschaft zwischen beiden Autoren aber blieb stabil. Entsprechend stark war für Goethe, der selbst einige Wochen ernsthaft krank gewesen war, die Erschütterung am 9. Mai 1805. Schillers Tod war ein so schmerzhafter Einschnitt in Goethes Leben wie später nur noch der Tod Christianes (1816) und des Sohnes August (1830). Als Zeichen dafür kann man werten, dass Goethe 1829 den mit Schiller geführten Briefwechsel veröffentlichte. Mit dieser ungewöhnlichen Publikation ist die „Klassik" endgültig in die Geschichte eingegangen.

Erneuerungen, Erweiterungen

1805 - 1820

Nord und West und Süd zersplittern,
Throne bersten, Reiche zittern,
Flüchte du, im reinen Osten
Patriarchenluft zu kosten,
Unter Lieben, Trinken, Singen
Soll dich Chisers Quell verjüngen.

(West-östlicher Divan - Hegire)

Erneuerungen, Erweiterungen

1805 - 1820

Goethe hatte mit Schillers Tod den einzig ebenbürtigen Gesprächspartner verloren. Ohne seine Mitwirkung konnte es ein Kulturprogramm „Weimarer Klassik“ nicht mehr geben, zumal Herder schon tot war und Wieland sehr alt.

Der beste Freund war der Berliner Musiker Zelter. So wenig wie er konnten die Sekretäre und Helfer in Weimar die bisherige Position weiterentwickeln. Goethe musste für sich allein neue Wege des Denkens und der Gestaltung finden. Sein alter Ruhm und seine herausragende Stellung im Großherzogtum blieben ja erhalten. Aber in der Öffentlichkeit war die junge Generation der Romantiker führend. Mittelalterliche und barocke Traditionen wurden wiederbelebt, und die Märchen- und Liedersammlungen ließen anders von der Poesie denken als der alte Meister wollte. Vielen war zudem ein Ärgernis, wie napoleonfreundlich sich der Weimarer Geheimrat verhielt, sogar noch während der Befreiungskriege. Doch Goethe war entscheidend geprägt durch die Aufklärung und wollte schon darum nicht nationalistisch werden, weder politisch noch kulturell.

An Kreativität fehlte es keineswegs. Der Umfang wie die Qualität der neuen Projekte sind, auch wenn manches als Fortsetzung erscheint, ganz erstaunlich. Die Zeit nach Schillers Tod führte den Schriftsteller Goethe zu besonderen Höhepunkten seines Schaffens. Zu solchen allerdings, bei denen die Zeitgenossen sich oft verständnislos und ablehnend verhielten und die erst in der Moderne entdeckt und seitdem geschätzt wurden. Zweideutig allerdings verhalten auch wir uns zu dem Werk, das Goethe für seine größte Leistung hielt, zur *Farbenlehre*. Sie erscheint in zwei Bänden 1810 und enthält einen Didaktischen, einen Polemischen und einen Historischen Teil. Der Wissenschaftler Goethe stellt seine These vor, grenzt sich dann scharf gegen die herrschende Physik von Isaac Newton ab und schildert schließlich mit erstaunlicher Gelehrsamkeit, wo überall schon Fragen der Optik zum Thema gemacht wurden. Goethes Behauptung, mit der er fast allein geblieben ist, meint etwa dies: Die Farben, die im Regenbogen leuchten oder an einem Prisma erscheinen, dürfen nicht als Brechungen, als Zerlegungen des weißen Sonnenlichts verstanden werden. Vielmehr bleibt dies unangetastet und verwandelt sich nur durch „Trübungen" auf unterschiedlichen Hell-Dunkel-Stufen in Farbigkeit. Eine solche Position war Goethe so wichtig, weil die mit Apparaten experimentierende Wissenschaft (schon die Brille gehörte ihm dazu!) ohne Ehrfurcht, ohne Respekt vor der Natur erschien. Newtons „fortschrittliche" Mathematisierung besonders gefährdete in Goethes Augen die Verehrung der Schöpfung durch den Menschen, ja die Möglichkeit eines harmonischen Daseins.

Als ein zweites Großprojekt dieser Jahre, das allerdings erst spät abgeschlossen werden wird, ist *Aus meinem Leben. Dichtung und Wahrheit zu nennen*. 1808, am Vorabend seines Geburtstages, entschloss Goethe sich zu diesem Werk, weil er selbst „sich historisch zu werden" begann, da so vieles um ihn sich verändert hatte. Goethe hat viel Material gesammelt, viele Bücher gelesen und mit Zeitzeugen Gespräche geführt. Wichtig war ihm, nicht nur den Einzelfall zu erfassen, sondern Geschichte und Kultur insgesamt jener Epoche zwischen 1750 und 1775, in der Kindheit und Jugend sich abspielten. So weitete die Erzählung sich sehr aus, und es wurden schließlich vier Bände zu je 5 Büchern. Kennzeichnend aber: nicht um Fakten geht es, um vorgelegte Dokumente, vielmehr wird erzählt, ordnend und ausschmückend wie in einem vielfigurigen Roman. Ja, der Leser, der der spannenden und farbigen Darstellung folgt, kann nie sicher sein, ob er von Tatsachen hört oder von Erfindungen. Auch in dieser Hinsicht sind Goethes „Erinnerungen" vorbildlich geworden für viele spätere Memoiren und Bekenntnisse.

In der Zeit um den 60. Geburtstag kam aber ebenfalls die Literatur im engeren Sinne nachdrücklich zur Geltung. Auf dem Gebiet des Romans erreichte Goethe ein neues Niveau. Eigentlich machte er damals Pläne für eine Fortsetzung des *Wilhelm Meister*. Auf

Goethe als Naturliebhaber

die „Lehrjahre" sollten „Wanderjahre" folgen, und zwar in Form einer abwechslungsreichen Reihe von Novellen. Goethe skizzierte einige, stieß dann aber auf eine Geschichte, die sich zu einem selbständigen Roman in zwei Teilen ausbauen ließ, zu einem vieldeutigen Porträt der zeitgenössischen Gesellschaft und einer Inszenierung leidenschaftlicher Liebe: *Die Wahlverwandtschaften* von 1809 sind ein Meisterwerk, wie gerade auch Verfilmungen aus den letzten Jahren zeigen. Mit dem Titel übrigens wird auf Naturwissenschaftliches angespielt, insbesondere auf Chemie. Denn die Hauptfiguren Eduard, Charlotte, Ottilie und der Hauptmann verhalten sich, als würden chemische Elemente aufeinander reagieren. Ehen lösen und schließen sich neu wie Salze und Säuren im Reagenzglas. Das hindert nicht die Glaubwürdigkeit der Personen und ihrer Auftritte, die oft auch an Bilder aus der Kunstgeschichte erinnern. Goethe hielt das Buch für sein bestes, aber es fand kaum Leser ...

Zuletzt sei hingewiesen auf die Versdichtung zwischen Klassik und Alterswerk. Immer noch entstehen Balladen, auch Gelegenheitsgedichte werden in Karlsbad zum Preis kaiserlicher Herrschaften geschrieben. Ende 1807 konnte eine leidenschaftliche Neigung zu Minchen Herzlieb in Jena Goethe dazu veranlassen, erstmals die Form des Sonetts zu erproben. Aber die gerade heute interessanteste Erweiterung seiner Poesie wurde im Sommer 1814 angeregt, als Goethe eine Übersetzung des *Divan* von dem großen persischen Dichter Hafis gelesen hat. In rascher Folge entstanden sei es in Weimar, sei es auf Reisen an Rhein und Main eigene Gedichte mit orientalischen Motiven. Mehr noch: ein ganzes Buch des interkulturellen Dialogs bildete sich. Es ist heute noch aktuell für alle, die über persische Kultur etwas wissen wollen und den Geist des Islam kennenlernen möchten. 1819 erschien *West-östlicher Divan* als Werk, das in 12 Bücher Gedichte eingeteilt ist und außerdem „Noten und Abhandlungen" enthält, die historische, religiöse und literarische Erläuterungen mitteilen. An dem spielerisch-ernsthaften Umgang mit einer fremden Welt war Goethes Freundin Marianne von Willemer beteiligt. Sie antwortet in der Rolle der geliebten „Suleika", wenn Goethe als „Hatem" nach ihr ruft. Für viele Goethe-Liebhaber ist der *Divan,* der auch als eine Botschaft des Friedens inmitten der Kriegswirren (1814/15) gelten darf, das schönste poetische Werk des Dichters. Und wer den Gingko-Baum zu schätzen weiß, erinnert sich gern an ein Gedicht aus dem *Divan*.

Gingo biloba

Dieses Baums Blatt, der von Osten
Meinem Garten anvertraut,
Gibt geheimen Sinn zu kosten,
Wie's den Wissenden erbaut.

Ist es ein lebendig Wesen,
Das sich in sich selbst getrennt?
Sind es zwei, die sich erlesen,
Daß man sie als e i n e s kennt?

Solche Frage zu erwidern,
Fand ich wohl den rechten Sinn;
Fühlst du nicht an meinen Liedern,
Daß ich eins und doppelt bin?

Vermächtnisse

1820 - 1832

Kein Wesen kann zu Nichts zerfallen!
Das Ew'ge regt sich fort in allen,
Am Sein erhalte dich beglückt!
Das Sein ist ewig; denn Gesetze
Bewahren die lebend'gen Schätze,
Aus welchen sich das All geschmückt.

(Vermächtnis)

Vermächtnisse

1820 - 1832

Goethe und seine letzte Liebe Ulrike von Levetzow

Der ältere Goethe hat (im Unterschied zu heutigen Senioren) keine großen Reisen mehr unternommen. Doch in Weimar hielt er es auch nicht dauernd aus. Er fuhr gern nach Jena und in andere thüringische Orte. Vor allem zog es ihn im Sommer nach Böhmen: Nicht weniger als siebzehn, meist monatelange Kuraufenthalte hat man gezählt: in Karlsbad, Franzensbad, Teplitz und zum Schluss (1821-1823) Marienbad. Er gebrauchte die Bäder, trank das Brunnenwasser, war vor allem aber an der internationalen Gesellschaft interessiert, welche dort zusammentraf: aus Adel, Diplomatie, den Wissenschaften und Künsten. Goethe gewann hier Freunde, die seine geologischen Interessen teilten. Zuletzt aber - da wurde er schon 74 - verliebte er sich noch in ein ganz junges Mädchen, in Ulrike von Levetzow (1804-1899). Er wollte sie wohl wirklich heiraten und ließ deshalb durch seinen Freund, den Großherzog, um ihre Hand anhalten. (Martin Walsers Roman *Ein liebender Mann* von 2010 erzählt davon.) Mit einer enttäuschenden Antwort kehrte Goethe zurück nach Weimar, auf dem Heimweg das große Gedicht *Marienbader Elegie* schreibend.

Seine Produktivität hat auch durch diese Affäre nicht gelitten, und er behielt seine Energie bis über den 80. Geburtstag hinaus, und selbst, als so nahestehende Personen wie der Großherzog und der eigene Sohn gestorben waren. Jetzt wurden große Projekte abgeschlossen, die den Dichter Jahrzehnte hindurch beschäftigt hatten. Eins davon war die Fortsetzung des Romans *Wilhelm Meister* unter dem Titel *Wanderjahre*. Der erste Druck 1821 fand aus verschiedenen Gründen nur schlechte Aufnahme beim Publikum. Aber Goethe ließ nicht locker, veränderte und ergänzte und ließ das Werk 1829 ein zweites Mal erscheinen. Entstanden ist zuletzt ein ungewöhnliches, im Grunde sehr modernes Buch. Die Erzählung setzt sich aus mehreren Novellen zusammen, von denen einige unvollendet bleiben, und außerdem sind Reden und Spruchsammlungen eingefügt. Selbst Goethe-Liebhaber fühlen sich verwirrt, aber die Themen sind damals wie heute aktuell: Werte und Methoden der Pädagogik, die Industrialisierung, die Auswanderung nach Amerika - nicht das Ich allein steht im Zentrum, sondern die Zukunft von auf „Entsagung" gegründeten Gemeinschaftsformen.

Es überrascht nicht, dass die *Wanderjahre* sich in mancher Hinsicht mit Goethes letztem Drama berühren, dem „Hauptgeschäft" im Alter, dem Zweiten Teil des *Faust*. Dieser wird im Sommer 1831, als ein grandioser Fünfter Akt gelungen ist, zwar abgeschlossen, aber nicht mehr zum Druck freigegeben. Goethe traute seinen Zeitgenossen kein angemessenes Verständnis für sein alles Menschliche umspannendes Spiel zu - und versiegelte es. In dieser Zeit blickte er auch auf die lange Schreibgeschichte zurück: Man kann sich vorstellen, dass der berühmte erste Monolog des Dramas, der ja von einem alten Mann gesprochen wird, von Goethe intensiv nachempfunden wurde:

> Habe nun, ach! Philosophie,
> Juristerei und Medizin,
> und leider auch Theologie
> Durchaus studiert, mit heißem Bemühn.
> Da steh' ich nun, ich armer Tor,
> Und bin so klug als wie zuvor!
> [...]
> Drum hab' ich mich der Magie ergeben,
> Ob mir durch Geistes Kraft und Mund
> Nicht manch Geheimnis würde kund;
> Daß ich nicht mehr mit sauerm Schweiß
> Zu sagen brauche, was ich nicht weiß;
> Daß ich erkenne, was die Welt
> Im Innersten zusammenhält,
> Schau' alle Wirkenskraft und Samen,
> Und tu' nicht mehr in Worten kramen.

Im Kontrast dazu stehen die ersten Sätze Fausts im *Zweiten Teil*:

> Des Lebens Pulse schlagen frisch lebendig,
> Ätherische Dämmerung milde zu begrüßen;
> Du, Erde, warst auch diese Nacht beständig
> Und atmest neu erquickt zu meinen Füßen,
> Beginnest schon, mit Lust mich zu umgeben,
> Du regst und rührst ein kräftiges Beschließen,
> Zum höchsten Dasein immerfort zu streben. –

Bereits das Puppenspiel der Großmutter hatte das Kind Goethe mit der Weltreise und der Höllenfahrt des Doktor Faustus beeindruckt. Dann hatte der Student während der Frankfurter Krankheit sich mit Weisheits-Büchern des späten Mittelalters beschäftigt, mit jener „Magie", welche in Gestalt des Mephisto den nach Erkenntnis

Mephisto und Faust

suchenden Heinrich Faust begleitet. Erweitert wurde noch in der Jugend das Drama durch die ergreifenden Szenen der „Gretchen-Tragödie“, also das Trauerspiel um das verführte Mädchen, ihre Kindstötung und ihr Sterben im Gefängnis. In der Zeit der „Klassik“, wurde der Erste Teil vor allem mit den „Vorspiel“-Auftritten, auch mit der Walpurgisnacht ergänzt. 1808 war dieses Faust-Drama abgeschlossen und tat auch seine Wirkung: Es galt sogleich als sehr bedeutend, als Zentralwerk der deutschen Literatur. Aber auf Goethes Schreibtisch wurde der Wanderer Faust noch einmal in die Welt geschickt. Sein Weg führt ins Hofleben und weiter in die versunkene Welt der griechischen Götter, wo seine Vereinigung mit der schönsten aller Frauen, mit Helena beschworen wird. Dann aber sind Faust und Mephisto in der Moderne angelangt, beteiligen sich an Finanzpolitik und Eroberungskriegen. Zuletzt agiert der frühere Professor als Kapitalist, als Landbesitzer und Deichbauer. Mit Humanität scheint der Fortschritt immer weniger zu vereinbaren sein. Was allerdings in der unerhört vielfältigen Wirkungsgeschichte des *Faust* oft anders gelesen wurde, zum Beispiel als Erziehungsbuch für „deutsches“ oder sozialistisches Heldentum.

In der Groß-Tragödie selbst bleibt die Frage, wie die endlose Jagd nach Glück zu bewerten sei, auf rätselhafte Weise offen. Eindeutig ist auch die aufwändige Poesie des langen Dramenschlusses nicht. Wohl aber weist der letzte Chorgesang die Hörer darauf hin, dass sich in der besonderen Geschichte des Mannes Faust das Allgemeine der göttlichen Lebensordnung gespiegelt hat:

> Alles Vergängliche
> Ist nur ein Gleichnis;
> Das Unzulängliche,
> Hier wird's Ereignis;
> Das Unbeschreibliche,
> Hier ist's getan;
> Das Ewig-Weibliche
> Zieht uns hinan.

Auf die Kraft hingebungsvoller Liebe hinzuweisen, ist wie im *Faust* so auch sonst ein ständiges Bestreben des alten Goethe. Und dies nicht nur in umfangreichen, komplizierten Werken, sondern ebenso in ganz einfachen Gedichten, wo er sich wie in der Jugend der Zeichensprache der Natur anvertraut, um von der Liebe zu sprechen:

> Nun weiß man erst, was Rosenknospe sei,
> Jetzt, da die Rosenzeit vorbei;
> Ein Spätling noch am Stocke glänzt
> Und ganz allein die Blumenwelt ergänzt.
>
> (*Chinesisch-deutsche Jahres- und Tageszeiten*)

In seinen letzten Jahren lebten zwar die Schwiegertochter Ottilie und die drei Enkelkinder mit im Haus, auch kamen viele Besucher, besonders oft Johann Peter Eckermann. Es fehlten aber ebenbürtige Partner.
Geschenkt worden ist dem Menschen Goethe, was viele sich wünschen: Klarheit des Geistes und Kraft der Sprache bis zum Lebensende. Wenige Tage vor seinem sanften Erlöschen am 22. März 1832 konnte er noch einen langen Brief an Wilhelm von Humboldt formulieren, in dem er über die natürlichen Anlagen des Menschen reflektiert und sein Wechselverhältnis zu der Umwelt, dann über die Entstehungsgeschichte des *Faust* berichtet und entschieden Stellung bezieht zu den aktuellen Tendenzen des 19. Jahrhunderts: „Verwirrende Lehre zu verwirrtem Handel waltet über der Welt." Demgegenüber die eigene Individualität zu behaupten, blieb Goethe auch in der Einsamkeit des hohen Alters bis zuletzt die wichtigste Aufgabe.

Die Kraft nahm er aus einer tiefen Übereinstimmung mit der Lebensordnung der Natur. Davon gibt Goethes Gesamtwerk Zeugnis. Davon sprechen gleichfalls seine wohl berühmtesten Verse, die Goethe schon 1780 als junger Mann an die Wand einer Berghütte auf`dem Kickelhahn bei Ilmenau geschrieben hat. Die Gültigkeit seines Gedichts hat er ausdrücklich im letzten Lebensjahr bestätigt:

Wandrers Nachtlied (Ein gleiches)

Über allen Gipfeln
Ist Ruh,
In allen Wipfeln
Spürest du
Kaum einen Hauch;
Die Vögelein schweigen im Walde.
Warte nur, balde
Ruhest du auch.

Lese-Tipp

„Die Wahlverwandtschaften"

Bleibt zum Schluss zu fragen: Wie steht es heute um die Wirkungen Goethes, der zu seinen Lebzeiten, im 19. Jahrhundert und in den verschiedenen Epochen des 20. und 21. Jahrhunderts, so außerordentlich einflussreich gewesen ist für die deutsche, ja die europäische Kultur? Strahlt Goethes Wirkung noch hinein in unsere Zeit? Kann ein Leser im 21. Jahrhundert, ständig angelockt von vielfältigen, alle Sinne stark ansprechenden Medien, noch Konzentration genug aufbringen, um die berühmten alten Texte zu studieren? Lässt sich ein Lese-Tipp geben und für welche Werke?

Im Deutschunterricht des Gymnasiums wird man mit etwas „Druck" auf die Schülerinnen und Schüler noch erreichen, dass *Iphigenie* und *Faust* gelesen werden. Aber wie sieht es aus unter den Freizeit-Lesern, die sich spannende Unterhaltung wünschen – zwar durchaus mit geistigem Niveau, aber ohne gelehrten Ballast? Von ihnen werden gesucht, wie man weiß, die gut geschriebenen, also klar und lebendig formulierten Bücher mit einem interessanten, nicht alltäglichen Gehalt. Hätten Goethes Werke unter solchem Erwartungsdruck heute noch eine Chance, würden sie auf die long list oder gar die short list des Deutschen Buchpreises gelangen können, der alljährlich von Literaturkritikern bei der Frankfurter Messe verliehen wird?

Die Frage scheint abwegig zu sein, unangemessen. Aber das Gedankenspiel könnte man doch versuchen, und die Auswahl für ein solches Experiment fällt auch keineswegs schwer. Nicht zufällig hat 1925 Thomas Mann *Die Wahlverwandtschaften* als den „höchsten Roman der deutschen Literatur" gepriesen und ihn beschrieben als „Gebild, so mondän wie deutsch, ein Wunderding an Geglücktheit und Reinheit der Komposition, an Reichtum der Beziehungen, Verknüpftheit, Geschlossenheit". Dieser Lobpreis gilt auch heute noch, denn Goethes Text besticht durch seine Modernität.

Der Roman handelt vom Scheitern einer Ehe und gibt damit die Möglichkeit, Leidenschaft darzustellen, Begehren und Eifersucht, aber auch Betrug und Reue, Resignation und Todessehnsucht. Als Eheroman ist das Buch der Vorläufer einer Gattung, die man im 19. Jahrhundert immer wieder antrifft: bei Flaubert (*Madame Bovary*), Tolstoj (*Anna Karenina*) oder Fontane (*Effi Briest*). Bis heute gibt es lebhaft diskutierte Variationen zu diesem Muster. (Louis Begley: *Erinnerungen an eine Ehe* 2013.)

Bei den *Wahlverwandtschaften* gefällt dem Leser schon die seltene Klarheit der Gliederung: Zwei Bücher hat der Roman mit jeweils 18 nicht eben langen Kapiteln. Dabei ist das erste Buch straffer geführt, orientiert an der Handlungsentwicklung, während das zweite aufgelockert wird durch fünf Auszüge aus *Ottiliens Tagebuch* und durch die eingefügte Novelle *Die wunderlichen Nachbarskinder*. Beobachtet man die Darstellungsweise im Detail, so räumt der stets sachliche, souverän führende Erzähler seinen Figuren viel Platz ein für pointierte Dialoge und setzt dabei sowohl die direkte wie die indirekte Rede ein. So lässt die Spannung, die auf den Leser ausstrahlt, niemals nach bis hin zum bitteren Ende.

Wovon aber wird erzählt, welche Personen sind versammelt? Zunächst treffen wir auf Eduard, einen „reichen Baron im besten Mannesalter", und auf Charlotte, seine ebenfalls wohlhabende, etwa gleichaltrige Frau. Kürzlich erst haben sie sich vermählt – die kluge, ihre Empfindungen kontrollierende Dame und ihr wie ein älter gewordener Werther stets zu Gefühlsüberschwang neigender Partner. Sie waren als Jugendliche schon ineinander verliebt, wurden aber getrennt und planen jetzt ein spätes Glück, nachdem jeder schon eine Ehe hinter sich hat. Wunsch-Erfüllung aber blockieren sie selbst, indem sie die Zweisamkeit sogleich wieder aufheben: Eduard lädt sich einen Jugendfreund, der „Hauptmann", später „Major" genannt wird, ein und Charlotte eine jugendliche Schutzbefohlene namens Ottilie. In der Folge wird das Zusammenleben der Vier in Schloss, Park und Dorf einer zeitgenössischen Gutsherrschaft differenziert vorgeführt, wobei das Leserinteresse sich den erotischen Verwicklungen zuwendet, in die bald Eduard und Ottilie einerseits, Charlotte und der Hauptmann andererseits geraten. Goethe scheut dabei nicht vor drastischer Veranschaulichung zurück: Eduard und Charlotte, angeregt durch ein anderes Liebespaar, verbringen eine Nacht miteinander, aber weil der Mann dabei an die eigentlich begehrte Ottilie denkt, die Frau jedoch an den geliebten Hauptmann, vollziehen sie nicht die Ehe, sondern einen doppelten Ehebruch. Aus ihrer Umarmung entsteht ein Kind, das den Namen Otto erhält, denn - wie man jetzt erfährt - sowohl Eduard wie der Hauptmann heißen eigentlich Otto. Außerdem ist dies auch die Namenswurzel von Charlotte, welche den Knaben geboren hat, und von Ottilie, welche ihn bei einer Kahnfahrt im Teich ertrinken lässt. Das Kind Otto, dessen Gesichtszüge schon nicht die seiner biologischen Eltern gewesen sind, ist ein eindrucksvolles Sinnbild des Romans für die tragisch scheiternde Ehe, welche auf der ersten Buchseite so gutgestimmt, so aussichtsreich erschien.

Der Schlussteil der *Wahlverwandtschaften* verschiebt sich vom Eheroman zur psychologischen Novelle mit der Figur der Ottilie im Zentrum. Sie setzt Eduards Leidenschaft eine konsequente Entsagung entgegen, sie verzichtet auf Geselligkeit, aufs Essen, ja auf die Sprache und wandelt sich zu einer Heiligen, von der man Legenden erzählt. (Goethe kannte aus dem Elsass die Verehrung der Heiligen Odilie.) Die Bestattung in einer Kapelle mit Engelsbildern ist nur konsequent.

Nicht nur in diesem Finale öffnet Goethe sein motivreiches Werk der gleichzeitigen Kultur der Romantik, und andere Komplexe weisen auf die Moderne voraus. Worüber wird gesprochen? Über Gartenarchitektur und die Anlage von Friedhöfen, über chemische Prozesse und Magnetismus, auch das Erspüren von Kohleflözen, über Wasserbau, Feuerwerk und die Inszenierung „lebender Bilder". Man liest ein Werk umfassender Bildung, dessen Erzählfluß aber immer durch eine starke Strömung zum Tode hin angetrieben wird.
Drohende Sinnbilder der Sterblichkeit begleiten die Lektüre. Das heißt aber nicht - kehren wir zurück zum Lesetipp! -, dass es den

Wahlverwandtschaften an Erheiterung, an Humor fehlen würde. Da gibt es zum Beispiel die Figur des „Mittler", ein ehemaliger Geistlicher, der nach einem Lottogewinn sich ins Privatleben zurückgezogen hat und jetzt auf eigene Faust als Redner und Berater herumreitet. Statt zu helfen, macht er meistens die Dinge erst schlimm - ein gefährlicher Narr, aber auch ein komischer Typ. Da gibt es im Zweiten Buch eine ausführliche Satire gegen Erscheinungen des damals aktuellen, modischen Kulturbetriebs, wobei Charlottens Tochter Luciane, die „ein wildes Heer" anführt, als eine Unheilsstifterin agiert, aber auch mit komischen Details wie der Vorliebe für Affen ausgestattet ist.

Und da gibt es die Novelle *Die wunderlichen Nachbarskinder*, welche vom Begleiter eines reisenden Lords dargeboten wird. Hier wird in mitreißender Erzählkunst das „happy ending" einer Liebesgeschichte beschworen: „vom Wasser zur Erde, vom Tode zum Leben, aus dem Familienkreis in eine Wildnis, aus der Verzweiflung zum Entzükken, aus der Gleichgültigkeit zur Neigung, zur Leidenschaft...alles in einem Augenblick".

Dem Leser des Romans, das soll festgehalten sein, wird also außerordentlich viel geboten. Er kann ruhig mit Ottilie über den zitierten Lebensweisheiten ihres „Tagebuchs" meditieren oder sich ganz dem steuernden und kommentierenden Erzähler anvertrauen, er kann in sehr verschiedenen Rollen mitleben, mithoffen, mitleiden. Jedenfalls ergibt sich: *Die Wahlverwandtschaften* sind ein literarisches Werk, das im Wettbewerb deutscher Romane auch im Jahr 2013 jeder Konkurrenz gewachsen, ja überlegen ist. Ein Buchpreis wäre angemessen und ein „Lese-Tipp" hat seine besondere Berechtigung.

„Von nichts kommt nichts.“

Quellen und Werke – sieben Beispiele

Was du ererbt von deinen Vätern hast,
Erwirb es um es zu besitzen.
Was man nicht nützt ist eine schwere Last;
Nur was der Augenblick erschafft, das kann er nützen.

„Von nichts kommt nichts." Quellen und Werke – sieben Beispiele

Die Biografie ist an ihr Ende gelangt. Aber es bleiben Probleme. Denn auch der, der schon einiges weiß von Goethes Leben und Schreiben, findet sich immer wieder an einem Punkt, wo er fragt: Wie kam Goethe eigentlich zu diesem oder jenem erstaunlichen Einfall? Wie hat Goethes Phantasie gearbeitet, um gerade diese Bilder, diese Handlung zu erzeugen? Gibt es Regeln der Kreativität, die wir kennen sollten? Was sind die speziellen Anlässe für poetische Erfindungen? Aus dem Nichts entspringt bekanntlich nichts, aus dem blauen Himmel auch nicht. Und ob die Erfahrungen im realen Leben, von denen auf den Seiten zuvor erzählt wurde, solche Kraft hatten, neue dichterische Welten auszubilden, das weiß man nicht so recht, das ist kaum zu glauben.

Natürlich, so denken wir, wirkt sich alles, was mit Goethes Lebenslauf zu tun hat, auch aus auf seine literarische Produktion. Irgendwie. Das ist wohl nicht falsch. Aber vergessen wird von den Freunden der Lebensgeschichte nur zu gern, was genauso richtig ist: Neue Literatur entsteht aus alter Literatur, Texte erzeugen Texte. Dies in Nachfolge oder in Widerspruch, als Opposition oder Steigerung. Stets ist dichterisches Sprechen auf Vorgänger bezogen. Darum: Wer ein poetisches Werk angemessen verstehen will, tut gut daran, die Literatur nicht als zufällige Ansammlung von isolierten Texten, von eigentlich nur sich selbst genügenden Monologen aufzufassen, sondern eher als ein großes, vielstimmiges Gespräch. Wichtig ist: Der sprechende Mensch, zumal wenn er in einer künstlerischen Form spricht, gibt Antworten auf laute oder stille Fragen, und er wartet selbst auf Antworten auf seine Fragen.

Diese Einsicht in den kommunikativen Charakter der Sprache und mit ihr aller literarischen Äußerungen ist inzwischen Allgemeingut geworden. Sie auf „Goethe" anzuwenden, scheint jedoch noch immer nicht selbstverständlich. Es irritiert nämlich der besonders mit Goethes Jugend verknüpfte Begriff des „Genies". Im „Sturm und Drang" stellte man sich vor, schöpferische Begabung sei grundsätzlich frei von Regeln und Konventionen und das Genie könne wie ein zweiter Gott seine ganz eigene Welt hervorrufen. Das kreative Ich sei allein verantwortlich für seine neuen Ideen und seine neuen Sprechweisen, und Staunen und Bewunderung würden von einer Genialität ohne Vorbilder erregt.

Solche Parolen allerdings entfernten sich weit von der literarischen Praxis, auch der im „Sturm und Drang". Goethes Werke stellen selbst das beste Zeugnis dafür aus, dass der Zusammenhang des Gegenwärtigen mit dem geschichtlichen Erbe keineswegs abgebrochen wird. Die neuen Themen und neuen Töne entstehen immer in der Bewegung eines Gesprächs mit vielen Partnern der Vergangenheit: Die „genialen" Werke äußern Zustimmung oder Kritik, verwirklichen sich als faszinierte Nachfolge oder entschlossenes Experimentieren, stets als ein Umschmelzen des Überlieferten.
Kurz: Gerade auch das Genie kann nicht anders, als mit eben den Sprachen zu arbeiten, die geschichtlich geworden sind und schon in vielfacher Weise gebraucht wurden.

Dies im Einzelfall zu zeigen, war und ist die keineswegs leichte Aufgabe der Goethe-Forschung, ihrer Dokumentationen und Interpretationen. Eine riesige Menge von Beiträgen dazu wird in jedem Jahr veröffentlicht, wobei vieles von dem, was da geschrieben wird, nur die vielleicht zehnte Wiederholung früherer Schriften darstellt. Andererseits gibt es immer wieder großartige Erkenntnis-Überraschungen. Hier, im Anhang einer kleinen Biografie, kann selbstverständlich mit solcher Forschung nicht konkurriert werden.

Schon gar nicht können Kommentare zu Goethes Großwerken wie *Wilhelm Meister*, *Faust* oder *West-östlicher Divan* versucht werden. Dennoch: Dem in unserm Buch angesprochenen „Liebhaber" wird vielleicht willkommen sein, über die Lebensgeschichte hinaus einige Beispiele kennen zu lernen für Goethes Arbeit mit Texten, etwas zu lesen insbesondere von den Quellen seiner Werke. Mit sieben Fallbeschreibungen soll so einem Liebhaber-Interesse gedient werden.

1. „Erlkönig" (Anregung: Volksballaden)

„Wer reitet so spät durch Nacht und Wind?
Es ist der Vater mit seinem Kind;"

Mit solcher oft zitierten Frage- und Antwort-Abfolge setzt Goethes wohl bekanntester Text ein. Und der traurige Bericht am Ende der Ballade ist uns ebenfalls geläufig:

„Dem Vater grauset's, er reitet geschwind,
Er hält in Armen das ächzende Kind,
Erreicht den Hof mit Mühe und Not;
In seinen Armen das Kind war tot."

Was dazwischen vorgeht, ist eine nur dem fiebernden Kind sichtbare und hörbare Geistererscheinung. Was geschieht, ist die Erregung des Knaben unter dem Eindruck des verführerischen Redens des Erlkönigs, der schöne Spiele mit seinen Töchtern anbietet und zugleich Gewalt übt. Zwar versucht der Vater, mit Vernunft einzugreifen, er ist aber ohnmächtig gegenüber dem Spuk in der nächtlichen Natur.

Solche Balladen hat man „naturmagisch" genannt, weil hier dem Menschen und gerade auch dem aufgeklärten Bürger die Elementarmächte in so faszinierender wie gefährlicher Weise begegnen. Goethe folgt in seinen frühen Balladen, wie z.B. auch *Der Fischer* dem Stil volkstümlicher Verserzählungen. Herder hatte Beispiele in seinen *Volksliedern* aus zahlreichen Sprachen zusammengestellt. Hier findet sich die Anregung für unseren Text. Herder hatte auch aus dem Dänischen übersetzt, und zwar eine Ballade, die er *Erlkönigs Tochter* nannte, weil er „ellerkonige" (Elfenkönig) falsch verstanden hatte. Dem schloss Goethe sich an, als er, wann genau wissen wir nicht, sein Erzählgedicht schrieb.

Eine Hofgesellschaft um die Herzogin Anna Amalia hörte den Text zuerst als ein Lied, das die Schauspielerin und Komponistin Corona Schröter 1781 sang und damit das Singspiel *Die Fischerin* im Freilufttheater in Tiefurt an der Ilm eröffnete. „Unter hohen Erlen am Flusse“ spielte Goethes „Operette“, in der außerdem ein englisches, wendisches, noch ein dänisches und ein litauisches Volkslied zu Gehör kamen. Sie alle hatten es - wie *Der Erlkönig* ja auch - mit den Gefahren der Erotik, mit Liebesverwirrungen zu tun. Es ist also der *Erlkönig* in mehrfacher Hinsicht verknüpft mit anderen Texten. Mindestens scheint es empfehlenswert zu sein, will man die so bekannten Strophen Goethes besser verstehen, auch einmal *Die Fischerin* zu lesen und Goethes zeitweilige Annäherung an die Volkspoesie zu beachten.

2. „Der Zauberlehrling“ (Anregung: Lukian)

Eine ganz andere Vorgeschichte hat die gleichfalls sehr populäre Ballade *Der Zauberlehrling*, geschrieben 1797. Man kennt den Beginn:

„Hat der alte Hexenmeister
Sich doch einmal wegbegeben!
Und nun sollen seine Geister
Auch nach meinem Willen leben!“

So redet ein übermütiger Lehrling, ein Harry Potter des Altertums, und setzt, indem er einen abgelauschten Zauberspruch benutzt, eine Wasserhol-Aktion mit Hilfe eines Besens in Gang, die zur Überflutung des Hauses führt und die der Lehrling nicht beenden kann. Er hat nämlich „das Wort vergessen“, mit dem allein der Spuk gestoppt werden kann. Flehentlich ruft er nach dem „Meister“, und dieser kommt dann auch als Problemlöser. Eine ähnliche Geschichte haben übrigens die Brüder Grimm in ihren *Kinder- und Hausmärchen* wiedergegeben. Sie heißt *Der süße Brei* und zeigt ein kleines Mädchen als Siegerin im Brei-Chaos.

Goethe hat seine Verserzählung höchst lebendig inszeniert, vor allem dadurch, dass sich ganz unterschiedlich gebaute Strophen abwechseln und derart für dramatische Bewegung sorgen. Was aber der Sinn des Ganzen ist, was der Zauber-Scherz bedeuten soll, ist schwer zu sagen.

Wir kennen die wichtigsten Bestandteile der Geschichte schon von dem griechischen Schriftsteller Lukian (125-180 v.Chr.). Seine Werke, die Goethe bereits als Schüler gelesen hat , hatte Wieland vor kurzem neu übersetzt. Darunter auch die Schrift *Die Lügenfreunde*, welche Beispiele für unglaubwürdige Wunder bietet. Da kommt auch ein ägyptischer Zauberer vor, der angeblich die Nil-Wasser anschwellen lässt und sie zurückdämmt. Lukian verspottet scharf die Verehrung, die derartigen Magiern entgegengebracht wird, und man darf sicher sein, dass es Goethe wie Lukian vor allem auf das große Vergnügen ankam: Indem alle Vorgänge allein aus der Perspektive des Lehrlings, als Monolog eines Aufgeregten, dargeboten werden, wird auch der Leser stark beteiligt. Seine Phantasie wird gewissermaßen überflutet, und es bedarf nicht jener Veranschaulichung, die beim Goethe-Jubiläum 1999 von der Frankfurter Feuerwehr als Wasserschwall aus großen Schläuchen geleistet wurde.

Was für Balladen gilt - dass nämlich alte Geschichten in ihnen zu neuem Leben erweckt werden -, das gilt erst recht für das Theater, für die Gattung Drama. Denn schon am Beginn, als in Athen erstmals Tragödien gespielt wurden, war selbstverständlich: Gute neue Dramen entstehen als kluge und ergreifende Variationen der im Kern immer gleichen alten Geschichten, der Mythen aus der Götter- und Heldenwelt. Denn mit Mythen allein ist Wahrheit gegeben, das war die Religion der Antike.

Gewiss ist die Differenz zur Neuzeit nicht zu vernachlässigen, William Shakespeare als Gegenmacht zu den Griechen hatte auch beim jungen Goethe Vorrang, so dass der Stückeschreiber sich aus anderen Quellen bediente: aus historischen Berichten, Erzählungen, Lebenserinnerungen (*Götz von Berlichingen*, *Clavigo*, *Egmont*).
Aber auf dem Weg zur „Klassik" hat dann auch Goethe das vertraute Verfahren angewendet, das vor allem in Frankreich gültig geblieben war: die griechischen Figuren und Sagen als Modelle für neuzeitliche, ja für gegenwärtige Probleme einzusetzen.

3. „Iphigenie auf Tauris" (Anregung: Euripides)

Goethes bekanntestes, heutzutage mehr in den Schulen als auf der Bühne verbreitetes Drama wurde in Prosa schon 1779 geschrieben, in der Versfassung 1787 vollendet. Es steht unverkennbar in der Nachfolge des gleichnamigen, 412 v.Chr. entstandenen Werks von Euripides. Der antike Chor zwar, welcher Stimmungen und Urteile der Bürgerschaft zur Sprache brachte, ist weggefallen. Ohne ihn ergab sich ein fast intimes Spiel, in dem die moralischen Thesen psychologisch verankert werden. Auch agiert im Mittelpunkt eine „moderne", Selbstbestimmung anstrebende Frau, die nicht in ihrer Priesterinnen-Rolle gefangen bleibt. Aber die Herkunft des Dramas aus der mythischen Welt ist für Goethes Zuschauer und Leser bis heute prägend. Man muss ja die Quelle kennen, muss wissen, wie Iphigeniens Lebensgang mit dem Verlauf des Trojanischen Krieges zusammenhängt. Vor allem muss man verstehen, was es mit „Tantalus' Geschlecht", mit der unheilgesättigten Familie der Atriden auf sich hat. Ohne deren Kenntnis begreift man Goethes neuen Ansatz nicht. Noch gegen Ende der Handlung, im 5. Auftritt des Vierten Aufzuges, rezitiert Iphigenie das „Lied der Parzen", das die Hilflosigkeit der Menschen und ihrer Kultur gegenüber der absoluten Willkür des Schicksals ausdrückt:

„Es fürchte die Götter
das Menschengeschlecht !

Sie halten die Herrschaft
In ewigen Händen,
Und können sie brauchen,
Wie's ihnen gefällt.
(....)
Es wenden die Herrscher
Ihr segnendes Auge
Von ganzen Geschlechtern
Und meiden, im Enkel
Die ehmals geliebten,
Still redenden Züge
Des Ahnherrn zu sehn.

So sangen die Parzen;
Es horcht der Verbannte
In nächtlichen Höhlen,
Der Alte, die Lieder,
Denkt Kinder und Enkel
Und schüttelt das Haupt.

In solchem Klagelied ist zwar nur von den griechischen Göttern die Rede, aber gemeint ist zu dieser Zeit am Ende der Aufklärung gerade auch das kirchliche Dogma, der christliche Gott. Indem Goethe den Euripides und andere Dramatiker mit Iphigenie-Thematik variiert, erkundet er die Möglichkeiten und die Grenzen der humanen Selbstbestimmung in der fortgeschrittenen Moderne, besonders auch der Frauen. Der Mythos muss gekannt sein, wenn man sich von ihm befreien will - Text gegen Text.

4. „Torquato Tasso" (Anregung: Biographien)

Vergleicht man mit *Iphigenie* das zur selben Zeit (1781-1790) entstandene Schauspiel *Torquato Tasso*, dann liegt hier offensichtlich ein ganz anderes Material zugrunde, nämlich historische Quellen.

Goethe kannte den großen Dichter der italienischen Renaissance (1544-1595) und sein Epos *Das befreite Jerusalem* von Kindheit an. Über das unglückliche Leben Tassos gab es zahlreiche biographische Darstellungen, mehr oder weniger ausgeschmückt, und als Goethe in Italien war, wurde gerade ein neues Porträt des Dichters veröffentlicht, das für das Drama einflußreich wurde. Denn Goethe erkannte: Die Figur eines bedeutenden Künstlers im Konflikt mit der höfischen Umwelt – das war keine Geschichte aus ferner mythischer Vergangenheit, sondern ein immer noch aktueller Fall, der mit der eigenen Situation Goethes in Weimar viel Ähnlichkeit aufwies.

Tasso erschien als ein eindrucksvolles Beispiel für alle Künstler, die sich gegen Fremdbestimmung wehren müssen: gegen den Fürsten als Sponsor, gegen ehrgeizige Politiker, gegen erotisch oder moralisch fordernde Frauen. Literatur allgemein und das eigene Werk im besonderen zu behaupten als unabhängige Sphäre, das ist aber – eben dies zeigt *Torquato Tasso* - eine mühevolle, ja existentiell gefährliche Arbeit, sie hinterlässt Narben.

Weil Goethe selbst sich in Weimar nicht geringen Zwängen ausgesetzt sah, konnte er das Tasso-Drama nicht als lockere Bekenntnisdichtung schreiben, sondern gestaltete ein formal höchst präzises, distanziertes Modell. Es ist kennzeichnend, dass die berühmte Inszenierung von 1969 durch den Regisseur Peter Stein (mit Bruno Ganz, Edith Clever, Jutta Lampe) die „klassisch" geschlossene Konstruktion erst aufbrechen musste, um dann allerdings die unerhörte Aktualität sogar in der Zeit der Studentenbewegung zu entdecken. Ergänzend sei die Kennzeichnung der Poesie durch die Dramenfigur Tasso zitiert:

„Nein, alles ist dahin! - Nur eines bleibt:
Die Träne hat uns die Natur verliehen,
Den Schrei des Schmerzens, wenn der Mann zuletzt
Es nicht mehr trägt – Und mir noch über alles –
Sie ließ im Schmerz mir Melodie und Rede,
Die tiefste Fülle meiner Not zu klagen:

Und wenn der Mensch in seiner Qual verstummt,
Gab mir ein Gott zu sagen, wie ich leide.“ (V. 3426 ff)

Das letzte Textstück hat Goethe selbst von seiner Figur übernommen (mit einer kleinen Veränderung), als er es als Motto für seine *Elegie* (1823) am Ende der letzten großen Liebe in Marienbad gebrauchte:

„Und wenn der Mensch in seiner Qual verstummt,
Gab mir ein Gott zu sagen, was ich leide.“

Indem damit das Künstlertum des Sprechenden im Sinne des *Torquato Tasso* hervorgehoben wurde, veranschaulicht der alte Goethe: In den Dialog mit einer realen Person - hier Ulrike von Levetzow - dringt immer auch das Gespräch mit Figuren und Formen der Poesie ein, ein Text bildet sich auch in einer sehr persönlichen Krise aus gegebenen Texten, und sei es einem eigenen.

5. „Das Märchen“ (Anregung: „1001 Nacht“, Freimaurer)

Die bisher vorgestellten Wechselbeziehungen sind, so ist doch zu hoffen, ein Stück weit nachzuvollziehen. Nun gibt es aber eine Dichtung Goethes, bei der einerseits viele Elemente zweifellos aus alten Texten stammen, der Leser aber andererseits völlig ratlos bleibt, was die Details wie das Ganze eigentlich bedeuten sollen. Ein Grenzfall von absoluter, von „reiner“ Poesie liegt vor, wie er sonst nur in der späteren Moderne auftritt. Gemeint ist *Das Märchen*, mit dem Goethe 1795 die Erzählungsreihe *Unterhaltungen deutscher Ausgewanderten* in der Zeitschrift *Die Horen* abgeschlossen hat.
Schon die Tatsache, dass im Titel nur der Gattungsname „Märchen“ erscheint, aber keine Figur oder Handlung, musste verwirren. Dazu kam noch eine einleitende Erklärung aus dem Munde der Erzählerfigur:

Die im folgenden wirksame Einbildungskraft „nimmt sich keinen Weg vor, sondern sie wird von ihren eigenen Flügeln getragen und geführt", und dabei entsteht „ein Märchen, durch das Sie an nichts und an alles erinnert werden sollen."
Einsichtig sind Anfang und Schluss. Zu Beginn ist ein großer Strom über die Ufer getreten und kann nur mit Mühe von einem alten Fährmann überquert werden. Am Ende aber gibt es eine schöne und bequeme Überbrückung "und bis auf den heutigen Tag wimmelt die Brücke von Wanderern." Dazwischen aber begegnet der Leser Irrlichtern, die Goldstücke werfen, einer grünen Schlange, einem verborgenen Tempel mit Königsstatuen, einem Riesen, einem leblosen Mops, einem schönen Prinzen und vielen Erscheinungen mehr. Oft fühlt der Leser sich an Motive der orientalischen Märchen aus der *Tausendundeine Nacht*-Sammlung erinnert.

Daneben jedoch hört man Sätze, deren Funktion zwar nicht genau abzuschätzen ist, die aber sehr bedeutsam wirken: Einige Passagen fesseln die Aufmerksamkeit besonders, so zum Beispiel:
„Es ist an der Zeit!" rief der Alte mit gewaltiger Stimme. „Der Tempel schallte wider, die metallenen Bildsäulen klangen" (...)

„Ob ich helfen kann, weiß ich nicht; ein einzelner hilft nicht, sondern wer sich mit vielen zur rechten Stunde vereinigt." (...)

„Was ist herrlicher als das Gold? fragte der König „Das Licht", antwortete die Schlange. „Was ist erquicklicher als Licht?" fragte jener. "Das Gespräch", antwortete diese.

„Der Alte sah nach den Sternen und fing darauf zu reden an:
‚Wir sind zur glücklichen Stunde beisammen, jeder verrichte sein Amt, jeder tue seine Pflicht, und ein allgemeines Glück wird die einzelnen Schmerzen in sich auflösen, wie ein allgemeines Unglück einzelne Freuden verzehrt.'"

Bilder und Weisheitsreden vermischen sich in dieser eigenartigen, von Goethe niemals kommentierten Märchenwelt. Die Wirkung ist ähnlich der symphonischen Musik, bei der man ja auch „an nichts und an alles erinnert" wird. Dabei ist zu beachten, dass die eben zitierten Reden ihren Quellgrund in den „geheimen Wissenschaften" der Mystik oder der Freimaurer-Logen haben, vielleicht des Illuminaten-Ordens, dem Goethe angehört hat. Dank ihrer unüberschaubar aufgefächerten Symbolik scheint in *Das Märchen* nichts weniger als alles, als die ganze soziale Welt auf dem Spiel zu stehen, wobei eine allgemeine Krise sich zeigt, aber mit Heilshoffnung verbindet. Wenngleich *Das Märchen* auch mit dem Novellenzyklus der *Unterhaltungen* verbunden ist, welcher im Revolutionszeitalter Humanität durch gutes Erzählen erhalten möchte, so entfernt sich die wunderbare Rätselrede des *Märchens* zugleich doch in die Sphäre der reinen Poesie.

6. „Sankt Joseph der Zweite"

(Anregung: die Bibel und die Kunstgeschichte)

Goethes großer Altersroman *Wilhelm Meisters Wanderjahre* oder *Die Entsagenden* (1821, 1829) wird mit zwei Kapiteln eröffnet, die das im Roman vielfach variierte Thema der Wanderschaft auf höchst merkwürdige Weise präsentieren. Mit den poetischen Wanderungen der romantischen Dichter (Tieck, Novalis, Eichendorff) hat dieser Beginn so wenig zu tun wie mit dem damals schon einsetzenden Tourismus an den Rhein und in die Alpen. Trägt das erste Kapitel die Überschrift „Die Flucht nach Ägypten", so nennt sich das folgende „Sankt Joseph der Zweite". Eine Bibel-Anspielung also. Erinnert wird an das Matthäus-Evangelium (Kap. 2) und an die so zahlreichen Bibel-Illustrationen und Gemälde, die der Flucht der Heiligen Familie nach Ägypten gewidmet sind.

Wilhelm Meister und sein Sohn Felix, welche der Leser aus Goethes Bildungsroman der *Lehrjahre* kennt, befinden sich jetzt in einer bergigen Landschaft, wo sie höchstens mit Boten und Jägern ins Gespräch kommen können. Aber auf einmal werden sie einer Menschengruppe konfrontiert, die gerade so aussieht wie ein „Flucht nach Ägypten"-Gemälde. Zwei engelartige Knaben, blond und braun, gehen voran, dann folgt ein kräftiger Mann, der einen Esel führt und auf diesem als „schöne Last" eine junge Frau „in einem blauen Mantel" und mit einem „Wochenkind" an der Brust. Unverkennbar Joseph, Maria und das Jesuskind. Ein Rätsel ist zu lösen: Wie kommt eine solche Kopie frommer Bildwerke mitten hinein in jene zeitgenössische Normalität, von der die *Lehrjahre* doch erzählt haben? Was ist das für eine Geschichte?

Das zweite Kapitel gibt dem „Joseph" das Wort, um in einer novellistischen Erzählung den Sachverhalt Schritt für Schritt aufzuhellen: Ein Gemäldezyklus an einer Kirchenwand, welcher dem Zimmermann von Nazareth gewidmet war, hatte sich inmitten von Klosterruinen erhalten und wirkte bestimmend ein auf das Leben der benachbart wohnenden, handwerklich und kaufmännisch tüchtigen Personen. Insbesondere Joseph folgte ganz getreu den gemalten Vor-Bildern. Später verursachten kriegerische Unruhen in der nächsten Umgebung noch, dass eine junge, schwangere Witwe dem Joseph begegnete. Er heiratete sie und konnte in der Folge als Adoptivvater ein glückliches Familienleben beginnen – wobei sich alle Beteiligten in Kleidung und Auftreten ganz bewusst an den Vorgaben der Kloster-Bilder orientierten.

Diese Eröffnungsgeschichte führt zum ersten Mal in dem weiträumigen Roman der *Wanderjahre* eine Möglichkeit der „Entsagung" vor. Verzichtet wird von Joseph und seinen Nachfolgern auf die Ansprüche des eigenen Ichs zugunsten des Wohls einer Gemeinschaft. Die so gerichteten Hinweise bedienen sich während des ganzen Romans eindrucksvoller Bilder aus der Kunstgeschichte, und in den geführten Gesprächen wird an zitierte Texte angeknüpft. Mit biblischer Frömmigkeit haben die späteren Romanteile nichts zu tun, und auch der kurze Zeit später geschriebene Roman *Die Wahlverwandtschaften* dokumentiert Goethes Meisterschaft auf dem Weg eines durch Bilder und auch Wissenschaft gewissermaßen verdoppelten Zeichensystems als eine ganz weltliche Tragödie.

7. „Gegenwart“ („Alles kündet dich an!“)
(Anregung: Zeitgenössisches Lied)

Wie entstanden Goethes Werke? Oft wird nach der dichterischen Praxis gefragt. Saß er eigentlich am Schreibtisch, und welches Schreibgerät benutzte er? Die Antwort: Goethe hat die Mehrzahl seiner Texte diktiert, denn ein Schreiber war mindestens in den späteren Jahren fast stets zur Verfügung. Das Geschriebene wurde dann vor einer Veröffentlichung mehrfach korrigiert, wobei Goethe oft seinen Helfern weitgehend vertraute - mit dem Ergebnis freilich, dass man heute kaum noch feststellen kann, was denn wohl der erste, spontane Einfall gewesen ist. Eher selten ist es ihm gelungen, ohne Vorbereitung und aus dem Moment heraus große Poesie zu schaffen. Das im folgenden abgedruckte Gedicht gehört zu diesen Zeugnissen, ist ein solcher Glücksfall, obwohl es ebenso die Einsicht bestätigt, dass neue Dichtung sich geschichtlich aus älterer Literatur entwickelt. In den späteren Sammlungen trägt es den Titel *Gegenwart*.

Alles kündet dich an!
Erscheinet die herrliche Sonne,
Folgst du, so hoff' ich es, bald.

Trittst du im Garten hervor,
So bist du die Rose der Rosen,
Lilie der Lilien zugleich.

Wenn du im Tanze dich regst,
So regen sich alle Gestirne
Mit dir und um dich umher.

Nacht! Und so wär' es denn Nacht!
Nun überscheinst du des Mondes
Lieblichen, ladenden Glanz.

Ladend und lieblich bist du,
Und Blumen, Mond und Gestirne
Huldigen, Sonne, nur dir.

Sonne! So sei du auch mir
Die Schöpferin herrlicher Tage;
Leben und Ewigkeit ist's.

Am 8. Dezember 1812 wurde im Haus am Frauenplan in Weimar Klavier gespielt und gesungen. In einer Beilage des *Morgenblatts*, der damals führenden Zeitung, hatte Fräulein Engels, eine Freundin von Christiane Goethe, die neue Vertonung eines Gedichts gefunden, das man schon länger kannte. Dessen Autor hieß Hermann W. F. Ültzen, und seine Verse waren erstmals unter der Überschrift „Ihr" 1786 gedruckt worden. Die beiden ersten Strophen lauteten:

„Namen nennen dich nicht. Dich bilden
Griffel und Pinsel
Sterblicher Künstler nicht nach.

Lieder singen dich nicht. Sie alle
Reden wie Nachhall
Fernester Zeiten, von dir."

Goethe mochte diesen Text nicht, die ständigen Negationen – es folgen noch weitere – waren ihm „verhasst", aber der sehr ungewöhnliche Strophenbau des Gedichts und die Vertonung gefielen ihm. Er nahm einen auf dem Tisch liegenden Briefumschlag und schrieb, ohne zu zögern, darauf, genau der gegebenen Form gehorchend, ein neues Liebesgedicht. Dessen Grundstimmung wurde nun ganz und gar positiv: Wie alle Naturerscheinungen auf die Sonne bezogen sind und ihr huldigen, so weisen alle Blumen und Gestirne hin auf die Geliebte, die die Lebenssonne des Sprechers ist. Mit größtem Nachdruck wird das Positive solcher Sinnbildlichkeit betont: „Leben und Ewigkeit ist's."

Die verwendeten Stilmittel reichen hier bis in den Barock zurück, ja ins Mittelalter, wo Maria als „Rose der Rosen" und „Lilie der Lilien" besungen wird. Als die angeredete Schönheit kann man sich denn auch kaum die Damen im eigenen Wohnzimmer denken. Eher schon die österreichische Kaiserin, mit der Goethe im Sommer 1812 zusammen war. Das muss offen bleiben, doch thematisch wie formal war ein bedeutendes Liebesgedicht entstanden. Seinen Text konnte der Dichter auch noch anders verwenden: 1815 gebrauchte er ihn in seiner Liebesbeziehung zu Marianne von Willemer. Entscheidend war stets, dass kein Zweifeln oder Schwanken besungen wurde, sondern die Botschaft gelingender Liebe in einem bildkräftigen Gedicht zur Sprache kam. Diese bessere Alternative mag auch ein Trost gewesen sein im Hinblick auf die so unruhige Suche nach „Glück" in der *Faust*-Tragödie.

Schließen wir die Beispielreihe ab. Zuletzt ließ sich der direkte Widerspruch gegen einen vorliegenden Text als Basis einer neuen Dichtung beobachten. Nicht nur bei Goethe ist eine solche Motivation des Schreibens anzutreffen. Schaut man genau hin, dann ist keine Innovation möglich ohne Konflikt mit den Vätern und Lehrern. Gerade bei Goethe darauf hinzuweisen, ist nicht unwichtig. Er gilt oft genug, im Unterschied zu Schiller und modernen Autoren, als ein „naiver", einzig seiner Natur folgender Dichter. Dann wird er zwar als Glücksfall, aber auch als seltsamer Außenseiter gewertet. Demgegenüber lässt sich jedoch schon am Ende der kleinen, unsystematischen Beispielreihe zur Quellenfrage festhalten:

Der Wissenschaftler, Politiker, Künstler und Dichter Goethe hat in einem langen, sehr fleißigen Leben unendlich viele Schriften gelesen, ehe er eigene Werke entworfen hat. Die Weimarer Bibliothek hat er eifrig genutzt. Seine Dichtungen sind stets Ergebnis einer lebenslangen intensiven Lesetätigkeit. Unkenntnis von Vorgängern, Quellen oder konkurrierenden Projekten konnte Goethe gewiss niemand vorwerfen.
Uns allerdings, den heutigen Goethe-Lesern, wird gerade wegen der vielfältigen Beziehungen der Nachfolge oder positiven Kritik eine

sachlich angemessene Rekonstruktion des damaligen Sprach- und Gedankenaustauschs nur noch selten gelingen. Wir tasten uns als Leser der faszinierenden Werke voran, um ihren Sinn zu entdecken. Bescheiden müssen wir aber eingestehen, dass noch die engagierteste Annäherung an Goethe und seine Werke nichts anderes bleibt als eben nur Annäherung.....

Frauen um Goethe

Recht beliebt sind gerade in letzter Zeit jene Goethe-Bücher, welche vom privaten Verhältnis des großen Mannes zu Frauen erzählen. Man kann zwar bezweifeln, ob Einblicke in den Intimbereich viel zum Verständnis der Werke beitragen. Aber man wird auf diese Weise sich kulturgeschichtliche Kenntnisse erwerben. Es sind darum hier einige Hinweise auf Goethes Lebens-Begleiterinnen zusammengestellt.

Goethe, geb. Textor, Catharina Elisabeth (1731-1808), G.'s Mutter. 1748 verheiratet, 6 Kinder, von denen vier früh starben. Eine sehr kontaktfähige Frau. „Frohnatur" wohl erst als Witwe nach 1782.

Schlosser, geb. Goethe, Cornelia (1750-1777), G.'s Schwester, enge Verbundenheit in Kindheit und Jugend. 1773 verheiratet, zwei Töchter. Depressionen. Ein einlässliches, auch kritisches Porträt steht in *Dichtung und Wahrheit*.

„Gretchen". Vielleicht eine erste Freundin, ca. 1763/64, wahrscheinlich aber nur im Rahmen von *Dichtung und Wahrheit* erdichtet: Die typische „Braut" des Anführers einer Jugendbande.

Schönkopf, Anna Katharina (1746-1810), Leipziger Gastwirtstochter, eine Studentenliebe, anregend für Gedichte und Schäferspiel.

Klettenberg, Susanna Catharina (1723-1774), fromme Freundin von G.'s Mutter. Betreuerin G.'s während seiner Krankheit 1768-70. Vorbild für *Bekenntnisse einer schönen Seele in Wilhelm Meisters Lehrjahre*.

Brion, Friederike (1752-1813), Pfarrerstochter in Sessenheim bei Straßburg. Intensive Liebesbeziehung mit G. zwischen Oktober 1770 und August 1771. Die Lieder im neuen Ton der „Erlebnislyrik" sind ihr gewidmet.

Buff, Charlotte, verh. Kestner (1753-1828), älteste Tochter eines Amtmannes in Wetzlar, wo G. sie zwischen Juli und September 1772 kennenlernte. Vorbild der Lotte in *Die Leiden des jungen Werthers.* Eine späte Begegnung mit G. wurde von Thomas Mann in *Lotte in Weimar* (1939) geschildert.

La Roche, verh. Brentano, Maximiliane (1756-1793), charmante Tochter der Schriftstellerin Sophie La Roche. Später Mutter von 12 Kindern, u.a. der Dichter Clemens Brentano und Bettina Brentano. G. flirtete mit ihr im April 1772 und wieder im September 1773 und weiter im Jahr 1774. Die Lotte im *Werther* hat ihre schwarzen Augen.

Schönemann, Anna Elisabeth (1758-1817), elegante Frankfurter Bankierstochter. Die letzte der Jugendgeliebten und die einzige Verlobte G.'s.

Anna Amalia, Herzogin von Sachsen-Weimar-Eisenach (1739-1807), als aufgeklärte Regentin bis 1776 schuf sie die Grundlagen der klassischen Blütezeit. Sie hatte Wieland berufen und förderte G. In Lesezirkeln und bei Singspielen führte sie alte und neue Weimaraner zusammen.

Louise Auguste, Herzogin von Sachsen Weimar (1757-1830), G. kannte sie schon, ehe sie Braut, dann Gattin Carl Augusts wurde (1775). Er huldigte der gebildeten, doch konventionellen Fürstin, besonders an ihrem Geburtstag. Sieben Kinder, von denen drei überlebten, hielten den Herzog nicht von Affären, später gar einer Zweitehe ab.

Stein, Charlotte von (1742-1827), für Goethe die wohl wichtigste Person 1775-1786. Fast täglicher Briefwechsel. Eher Schwester als Geliebte, jedenfalls G.'s Erzieherin zu höfischer Kultur.

Branconi, Maria Antonia von (1746-1793), Deutsch-Italienerin, zeitweise Mätresse in Braunschweig, 1779/80 mehrere Begegnungen G.'s. mit der vielleicht schönsten Frau seiner Zeit.

Schröter, Corona (1751-1802), vielseitige Sängerin und Schauspielerin, eine faszinierende Frau. Goethe sah sie 1765 in Leipzig, engagierte sie 1776 für Weimar. Wie er so warb auch der Herzog um ihre Gunst. Beteiligt an mehreren Dramen-Inszenierungen G.'s.

Kauffmann, Angelica (1741-1807), begabte und erfolgreiche Zeichnerin und Malerin in London und seit 1782 in Rom. Zu G.'s italienischer Zeit eng mit ihm befreundet.

„Faustina", ein Name für die römische Geliebte in den Jahren 1786-88, welche nicht mehr zu identifizieren ist.

Hamilton, Lady Emma (1765-1815), Modell von Malern, Mätresse des britischen Botschafters in Neapel, wo G. sie 1787 bei der Vorführung „lebender Bilder" mit erotischem Reiz bewundern konnte. Die spätere Geliebte Lord Nelsons war ein spezieller Star der Epoche.

Goethe, geb. Vulpius, Christiane (1765-1816), G.'s Geliebte (seit 1788), Hausfrau und Ehefrau (seit 1806). Fünf Kinder, von denen nur August, der Älteste, überlebte. Die Umwelt provozierend, aber

Glück bringend das langjährige Verhältnis ohne Hochzeit. Gesellig, tanz- und trinkfreudig.

Herzlieb, Minna (1789-1865): Pflegetochter des Buchhändlers Frommann in Jena. Im Herbst 1807 von G. diskret, doch wohl intensiv geliebt. Zeugnis dafür ein Sonetten-Zyklus.

Brentano, Bettina (1785-1859), verh. 1811 mit L. A. von Arnim. Ein Goethe-Fan: Gespräche 1806 mit G.'s Mutter, 1807 Besuchsserie in Weimar, in Teplitz. Skandal 1811 wegen Beleidigung Christianes. *Goethes Briefwechsel mit einem Kinde* (1835).

Ziegesar, Silvie von (1785-1855), Tochter eines befreundeten Gutsherren. Besonders 1807 von G. heftig angeschwärmt, später ihm freundschaftlich verbunden.

Maria Ludovica, Kaiserin von Österreich (1787-1816), mehrere Begegnungen G.'s mit ihr als Autor von Festgedichten. 1810 in Karlsbad, im Sommer 1812 in Teplitz als Gesellschafter. Äußerste Diskretion verhüllte die Zuneigung, gespiegelt im Gedicht *Geheimstes des West-Östlichen Divan*.

Willemer, Marianne von (1784-1860), uneheliches Schauspielerkind, in Frankfurt vom späteren Mann erzogen. Geliebte G.'s 1814, 1815 am Rhein ein Zeichen orientalischer Poesie. Als „Suleika" schrieb sie eigene Gedichte für den *Divan*.

Levetzow, Ulrike von (1804-1899), der Kurort Marienbad in den Sommern 1821 bis 1823 war Schauplatz der letzten Liebe G.'s, die bis zur offiziellen Werbung führte. Ein großes poetisches Zeugnis: die *Marienbader Elegie*.

Goethe, Ottilie, geb. von Pogwisch (1796-1872), verheiratet seit 1817 mit G.'s Sohn August. Seitdem Hausgenossin, fürsorgliche Freundin des Schwiegervaters. Anwesend bei seinem Tod. Später chaotische Verwirrungen in Liebes- und Finanzaffären.

Männer um Goethe

Was den Frauen recht ist, sollte dem anderen Geschlecht billig sein. Jedoch ist es noch schwieriger, bei den Männern eine faire Übersicht zu gewinnen. Nur Beispiele können genannt werden für die vielseitigen Beziehungen des Schriftstellers, Wissenschaftlers und Politikers Goethe. Recht selten waren private Freunde, und die Männer, die immer dabei waren – die Diener und Sekretäre – fehlen hier, weil wir einfach zu wenig über sie wissen.

Goethe, Johann Caspar (1710-1782). G.'s Vater, Dr. jur., Italienreisender. Kaiserlicher Rat, aber ohne öffentliches Amt. Eifriger Lehrer seiner Kinder.

Goethe, August von (1789-1830), einziges überlebendes Kind. Jurist, Hofrat in Weimar, große Abhängigkeit vom Vater. Eheprobleme, Alkoholismus, Tod in Rom. Grab auf dem protestantischen Friedhof an der Cestiuspyramide.

Behrisch, Ernst Wolfgang (1736-1809). Anregender älterer Freund vor allem in Leipzig. Erster Wegbereiter des Schriftstellers G.

Merck, Johann Heinrich (1741-1791). Kriegsrat in Darmstadt. Kluger Literaturkritiker, großer Briefschreiber, 1772-1779 enger Freund und Berater G.'s. Entfremdung, Krankheit, Selbstmord.

Herder, Johann Gottfried (1744-1803), ostpreußischer Theologe, Philosoph und Schriftsteller. Von größter Bedeutung für G. in Straßburg: Neue Einsicht in Sprache und Geschichte. In Weimar seit 1776 Superintendant und Leiter des Schulwesens. Später, auch wegen Schiller, Entfremdung von G.

Jung-Stilling, Johann Heinrich (1740-1817), pietistischer Schriftsteller, Freund in Straßburg und Frankfurt.

Lavater, Johann Casper (1741-1801), Prediger und Schriftsteller in Zürich. Zeitweise enge Freundschaft mit G., Zusammenarbeit bei den *Physiognomischen Fragmenten*. Später Ablehnung der missionarischen Aktivitäten.

Lenz, Jacob Michael Reinhold (1751-1792), Dramatiker, Erzähler, Lyriker des „Sturm und Drang". Der kreativste Dichter neben G. Freundschaft 1771 in Straßburg, dann in Frankfurt. 1776 in Thüringen Zerwürfnis, Lenz wird aus Weimar ausgewiesen. Nervenkrankheit, Reisen. Tod in Moskau. G.'s negative Beurteilung in *Dichtung und Wahrheit* hat eine angemessene Interpretation lange blockiert.

Jacobi, Friedrich Heinrich (1743-1819), Kaufmann in Düsseldorf, 1807 Präsident der Akademie der Wissenschaften in München. Bedeutender Romanautor und Philosoph. Wechsel zwischen Freundschaft und Gegnerschaft zu G.

Carl August (1757-1828), seit 1775 Herzog, seit 1815 Großher-zog von Sachsen-Weimar-Eisenach. G.'s Chef, Förderer und trotz mancher Krisen verlässlicher Freund.

Wieland, Christoph Martin (1733-1813), ein großer Dichter der Aufklärung. Übersetzer Shakespeares und antiker Autoren. Der Begründer der Weimarer Klassik. Seit 1772 am Ort als Erzieher Carl Augusts. Liberaler Förderer des jungen G., freundliche Kollegialität bis ins Alter.

Knebel, Carl Ludwig von (1744-1834), G.'s „Urfreund", Prinzenerzieher. Übersetzer in Weimar und Jena.

Tischbein, Johann Heinrich Wilhelm (1752-1829), G.'s engster Freund in Rom. Maler der bekanntesten G.-Portraits.

Schiller, Friedrich (1759-1805), der jüngste und wirksamste der „Klassiker". Das große dramatische, lyrische, erzählende und vor allem theoretische Werk entsteht trotz ständiger Krankheiten. G. verliert mit seinem frühen Tod, wie er selbst sagt, „einen Freund und in demselben die Hälfte meines Daseins".

Moritz, Carl Philipp (1756-1793), bedeutender Erzähler, Kunsttheoretiker der Klassik, Psychologe. Mit G. gleichzeitig in Rom. Armbruch: G. als Krankenpfleger.

Meyer, Johann Heinrich (1760-1832), schweizer Maler und Kunstschriftsteller, G. hat ihn in Italien kennengelernt, seit 1791 in Weimar, als (einseitiger) Kunst-Experte und (übermäßig geschätzter) Freund ein problematischer Begleiter G.'s.

Bertuch, Friedrich Johann (1747-1822), Jurist, Schriftsteller, Unternehmer in Weimar (bis 500 Beschäftigte). Schatzmeister des Herzogs. Verleger des *Journals des Luxus und der Moden* (seit 1786).

Humboldt, Wilhelm von (1767-1835), Gelehrter, Sprachphilosoph, Diplomat, preußischer Kultusminister. Wichtige Freundschaft seit 1794. Kritische Würdigung klassischer Werke G.'s.

Zelter, Carl Friedrich (1758-1832), Berliner Maurermeister und Komponist, auch von Liedern G.'s. Mit G. seit 1799 befreundet. Umfangreicher, lebendiger Briefwechsel.

Boisserée, Johann Sulpiz (1783-1854) und Melchior Hermann (1786-1851), Kaufleute in Köln, Sammler mittelalterlicher Kunst, Förderer des Kölner Doms. Mit G. seit 1810 freundschaftlich verbunden.

Riemer, Friedrich Wilhelm (1774-1845), gelehrter Philologe, seit 1803 in Weimar als Hauslehrer, Studienrat, Bibliothekar. Ständiger Berater G.'s. Redakteur der Werkausgaben.

Eckermann, Johann Peter (1792-1854), seit 1823 Sprachlehrer in Weimar, Gesellschafter G.'s und Mitarbeiter an Werkausgaben. Autor der *Gespräche mit G.* (1836).

Literatur-Hinweise

Goethes Schriften und Briefe gibt es in sehr vielen Ausgaben, mehr oder weniger vollständig, mehr oder weniger zuverlässig. Aber lesbar sind sie alle.
Zahlreiche Einzelwerke mit guten Kommentaren finden sich bei Reclam. Sämtliche Texte sind abgedruckt in:
Goethe: Werke. Hg. im Auftrage der Großherzogin Sophie von Sachsen. Abteilung I-IV. 143 Bde. Weimar 1887-1919 (Reprint dtv München 1987)

Zur Biographie:
Robert Steiger u. Angelika Reimann: Goethes Leben von Tag zu Tag. 8 Bde. München 1982-1996
Richard Friedenthal: Goethe. Sein Leben und seine Zeit. 2Bde. München 1963
Karl Otto Conrady: Goethe.Leben und Werk. 2Bde., Königstein 1982
Benedikt Jeßing: Johann Wolfgang Goethe. Stuttgart 1995
Peter Matussek: Goethe zur Einführung. Hamburg 1998
Bernd Hamacher: Johann Wolfgang von Goethe. Entwürfe eines Lebens. Darmstadt 2010
Leo Kreutzer: Goethes Moderne. Essays. Hannover 2011
Joseph Kiermeier-Debré: Goethes Frauen. München 2011
Gustav Seibt: Goethes Autorität. Springe 2013
Rüdiger Safranski: Goethe. Kunstwerk des Lebens. München 2013

Zum Nachschlagen:
Peter Boerner: Johann Wolfgang von Goethe (Rowohlt-Monographie). Reinbek 1964, 1999, 2012.
Gero von Wilpert: Goethe-Lexikon. Stuttgart 1998.
Bernd Witte u. a. (Hrsg.): Goethe-Handbuch. 4 Bde. In 6 mit 3 Ergänzungsbänden. Stuttgart 1996-2012.

Bisher erschienen in der Reihe Biografien

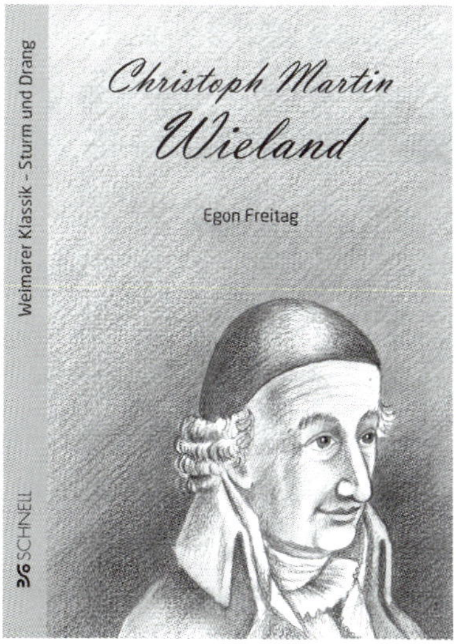

„Christoph Martin Wieland" von Dr. Egon Freitag, 120 S.,Klappeneinband, 35 2-farbige Abb., ISBN 978-3-87716-680-2, 12,80 €

„Bertolt Brecht" von Klaus Tudyka, 120 S. Klappeneinband, 17 2-farbige Abb. ISBN 978-3-87716-678-9, 12,80 €

„Heinrich Heine" von Ursula Oppolzer 104 S. Klappeneinband, zahlreiche 2-farbige Abb., ISBN 978-3-87716-675-8, 12,80 €

„Wilhelm Busch" von Dr. Ulrich Gehre, 104 S., Klappeneinband, zahlreiche 2-farbige Abb. ISBN 978-3-87716-679-6, 12,80 €